Lukas Menzel

Das Beste aus YouTube

Das Jahrbuch

#INHALT

INHALT

4	LET'S REWIND!
6	AUGUST
24	SEPTEMBER
38	OKTOBER
54	NOVEMBER
72	DEZEMBER
88	DIE BELIEBTESTEN YOUTUBE-VIDEOS 2016

- 92 — JANUAR
- 108 — FEBRUAR
- 122 — MÄRZ
- 136 — APRIL
- 150 — MAI
- 166 — JUNI
- 184 — NEXT GENERATION YOUTUBER 2017
- 188 — QUELLENVERZEICHNIS

#LET'S REWIND!

LET'S REWIND!

Die YouTube-Welt ist bunt, schnelllebig und total verrückt! In Überschallgeschwindigkeit entstehen neue Trends, werden aus zuvor noch unbekannten YouTubern richtige Stars und wird das nächste skurrile, virale Video zum Gesprächsthema Nummer eins. Bei dem derzeitigen Tempo auf YouTube, Instagram, Snapchat und Co. ist es fast unmöglich, up to date und über alles informiert zu sein.

Oder weißt du noch, welche Videos 2016 am beliebtesten waren? Welche Webvideo-Events es alle gab? Wie *DieLochis* die Charts rockten? Und warum *PewDiePie* fast seinen Kanal löschte?

Diese und viele weitere crazy Stories haben 2016/17 YouTube-Deutschland geprägt und dafür garantiert, dass es alles andere als langweilig in der Webvideowelt wurde. Fast täglich sorgten neue Videos für Diskussionen und es passierten lustige, unterhaltsame, ärgerliche und manchmal auch traurige Dinge, die die YouTube-Szene in Aufruhr versetzten.

So fanden von August bis Juni mit den *VideoDays*, dem *Webvideopreis*, der *GLOW* oder der *VidCon* wieder zahlreiche coole Events statt. Viele YouTuber wie *Shirin David*, *Bibi* oder *MrTrashpack* versuchen sich nun auch im Fernsehen, der Musikbranche oder im Radio. Neben YouTube erfreuen sich weitere Plattformen wie Twitch, Instagram, musical.ly oder Snapchat großer Beliebtheit. Und mit den unzähligen *„24 Stunden in …"*-Videos, den Skandalen um *Mert* oder *PewDiePie* sowie vielen interessanten Projekten – *Varo 4*, *#TubeClash* oder *#SpielkindRacing* – blieb es stets spannend.

Wir blicken – so aktuell wie möglich – noch einmal auf das YouTube-Jahr von August 2016 bis Juni 2017 zurück, um uns an diese und viele weitere unvergessliche Ereignisse zu erinnern. In diesem Buch haben wir deshalb die schönsten, wichtigsten und absurdesten Momente aus YouTube-Deutschland zusammengefasst. Also, viel Spaß beim „Klicken" auf den Repeat-Button!

#08 AUGUST

Mann, war das ein August! **Gamescom**, **VideoDays**, neue Musik von **DieLochis** und **ApeCrime** – das waren nur einige der Highlights in einem der spannendsten Monate des Jahres 2016 für jeden YouTube-Fan. Auch auf YouTube selbst passierte jede Menge: der **Mii Mii** vs. **Leon Machère** Beef und viele weitere Videos, die für ordentlich Gesprächsstoff sorgten. Doch fangen wir von vorne an …

#08 - AUGUST

Auch Diana zur Löwen setzt sich für #NichtEgal ein.

Bundeszentrale für
politische Bildung

#NICHTEGAL

#NichtEgal
Eine Initiative für Toleranz und Respekt

Teile das Video mit deinen Freunden!

Los ging es im August mit einer neuen Kampagne von YouTube. Unter dem Hashtag **#NichtEgal** setzte YouTube sich für mehr Toleranz, Respekt und Gegenrede im Netz ein. Alles Themen, die eine unglaublich wichtige Rolle spielen. Zum Beginn von **#NichtEgal** startete YouTube deshalb einen 360-Grad-Videowettbewerb, bei dem Ideen für mehr Toleranz und ein besseres Miteinander eingereicht werden sollten. Die besten Vorschläge wurden anschließend von einem erfahrenen Regisseur professionell umgesetzt.

#08 - AUGUST

DAGI BEE WIRD MODEDESIGNERIN

Neben *#NichtEgal*, stellte *Dagi Bee* Anfang August ihre eigene Modekollektion vor. Monatelang hatte *Dagi* dafür von den ersten Entwürfen über die Schnitte bis hin zum Shop an den Shirts, Hoodies und Caps gearbeitet. Hierbei war es *Dagi* wichtig, voll auf Qualität zu setzen: „Es war mir am wichtigsten, wirklich Qualität zu haben und nicht mehr dieses aufgedruckte, ja, Merch halt.

Ich wollte ein bisschen mehr in die Mode gehen. Mode ist einfach mit meine Leidenschaft und damit habe ich es ein bisschen verwirklicht", erklärte sie. Das Ergebnis lässt sich auf jeden Fall sehen und führte erst einmal dazu, dass ihr Online-Shop unter mehr als 50.000 Besuchern gleichzeitig zusammenbrach – krass!

INSTAGRAM KOPIERT SNAPCHAT

Einen ähnlich großen Ansturm erlebte Instagram mit der neuen „*Stories*"-Funktion. Damit kopierten sie mal einfach so Snapchat. Die *Stories* ermöglichen es, Fotos und Videos zu posten, die sich nach 24 Stunden selbst löschen. Ganz schön dreist, könnte man meinen.

Doch warum sollte man die *Instagram Stories* nicht nutzen, wenn somit die vielen Instagram-Follower noch näher am Alltag ihrer Lieblinge sein können? Das dachten sich auch viele YouTuber, die sich auf einmal nicht mehr so sicher waren, ob sie nun weiter Snapchat oder doch lieber die *Instagram Stories* verwenden sollen. In jedem Fall erfreuten sich die Stories wahnsinnig schnell großer Beliebtheit.

#08 - AUGUST

DIE TOP-EVENTS IM AUGUST

Natürlich wurden im August nicht nur Modekollektionen gelauncht oder neue coole Funktionen bei Instagram eingeführt. Das absolute Top-Highlight waren ohne Frage die *Gamescom* und die *VideoDays*. Die beiden Events sind bereits seit Jahren DIE Veranstaltungen für jeden YouTube-Fan. Kein Wunder, tummelt sich dort doch fast jeder YouTuber, der Rang und Namen hat. Egal, ob *Bibi*, *Lisa and Lena*, *KsFreak* oder *Gronkh* – sie alle waren vor Ort, um ihre Fans zu treffen, mit ihnen ein Selfie zu machen oder um Autogramme zu schreiben.

YOUTUBER MEETS GAMESCOM

Auf der *Gamescom* stand dabei mal wieder alles im Zeichen der Videospiele. Auf zahlreichen Bühnen und Ständen wurden die neuesten Videospiele vorgestellt und gezockt. Mit ein wenig Glück konnte man dabei sogar gemeinsam mit *Gronkh*, den Jungs von *PietSmiet*, *rewinside*, *HandOfBlood* oder einem der zahlreichen weiteren Let's Playern und Streamern spielen.

Groß angekündigt wurde auf der *Gamescom* der Start von *YouTube Gaming* in Deutschland. Damit ist endlich auch auf YouTube die Möglichkeit zu streamen verfügbar – ähnlich, wie es bereits auf *Twitch* möglich ist. Dies probierten natürlich gleich einige YouTuber aus. Außerdem kündigte YouTube an, dass *Rocket Beans TV*, der erfolgreichste Twitch-Streamingkanal Deutschlands, zu YouTube wechseln würde. Ein großer Schlag gegen Twitch, um die eigene Plattform zu stärken.

#08 - AUGUST

DIE VIDEODAYS
DEUTSCHLANDS GRÖSSTES WEBVIDEO-EVENT

Auch wenn schon einiges auf der *Gamescom* los war, blieb nicht viel Zeit, sich zu erholen. Parallel zu der Spielemesse fanden schließlich auch die *VideoDays Köln 2016* statt. Bereits zum achten Mal wurde Europas größtes YouTube-Treffen veranstaltet.

Dner auf der großen Bühne

Der ShowDay

Anders als in den Vorjahren wurde dabei erstmalig der *ShowDay* auf den ersten und der *CommunityDay* auf den zweiten Tag gelegt. Dafür gab es nicht nur zwei große Liveshows, sondern zum allerersten Mal hatten zehn Musik-

talente im Rahmen des *VideoVision SongContests* die Möglichkeit, ihr Können auf großer Bühne unter Beweis zu stellen.

So traten unter anderem *Mike Singer*, *Lukas Rieger*, *ApeCrime* und *DieLochis* auf und lieferten Top-Performances. Mit dem *ViViSoCo* wurde außerdem ein komplett neues Konzept eingeführt. Ähnlich wie

#08 - AUGUST

man es von einigen Castingshows kennt, präsentierten hier zehn Newcomer ihre musikalischen Künste. Zu gewinnen gab es dabei einen Auftritt auf den *VideoDays Berlin*, die Produktion eines professionellen Musikvideos und die Chance auf einen Plattenvertrag. Dafür benötigten die zehn Teilnehmer die Stimmen des Publikums, das per App für die Teilnehmer abstimmen konnte. Hierbei konnte sich der 16-jährige *Mario Novembre* aus Stuttgart durchsetzen, der bereits im Vorfeld zu den Favoriten gehörte.

Neben dem Sieger des *ViViSoCos* wurden auch die *PlayAwards* verliehen. Hier konnten sich *Lukas Rieger* in der Kategorie Musik, *Felixba* in der Rubrik Information und *rezo* als Newcomer über die Trophäe freuen. Ein besonderer Preis wurde außerdem an *BibisBeautyPalace* und *Julienco* verliehen. Sie wurden mit dem *PlayAward Legend* ausgezeichnet. Damit reiht sich das YouTuber-Paar nun in eine Liga mit *Aggro.TV*, *Freshtorge* und *DieAußenseiter* ein, die in den Vorjahren diesen Award gewannen.

Mario Novembre gewinnt den ViViSoCo

Der Community Day

Der *ShowDay* war natürlich nur ein Teil der *VideoDays*. Am *CommunityDay* hatten die Besucher die Möglichkeit, sich von einem der vielen YouTuber, Muser und YouNower ein Autogramm zu holen sowie mit ihnen ein heiß begehrtes Selfie zu machen. Mit dabei waren auch hier zahlreiche Creator wie *Emrah !*, *rewinside*, *breedingunicorns*, *Miguel Pablo*, *Lukas Rieger* – und viele mehr.

Lisa und Lena posieren für ihre Fans

Die heimlichen Stars auf den *VideoDays* waren jedoch die durch musical.ly und Instagram bekannt gewordenen Zwillinge *Lisa and Lena*. Sie haben es geschafft, innerhalb weniger Monate Millionen von Followern zu erreichen, und wurden von zahlreichen Besuchern stürmisch gefeiert. Als Highlight verlieh musical.ly schließlich sogar den allerersten *musical.ly-Award* an die erst 14-jährigen Stars.

#08 - AUGUST

BEEF ZWISCHEN KSFREAK UND KUCHENTV

Auf den *VideoDays* ereigneten sich aber nicht nur schöne Sachen. So kam es am *ShowDay* beim Auftritt von *KsFreak* zu einer Unterbrechung durch den YouTuber *KuchenTV*, der die Bühne stürmte und die Performance von *KsFreak* störte. Der Gig hatte dadurch nicht nur einen faden Beigeschmack, im Anschluss kam es auch noch zum Streit zwischen den beiden Videomachern, der natürlich öffentlichkeitswirksam auf YouTube ausgetragen wurde.

So drehte *KuchenTV* ein Video mit dem Titel: „KSFREAK HAT UNS BEKLAUT, BEDROHT UND FAST GESCHLAGEN". In diesem wirft er *KsFreak* vor, ihn nach der Show zur Rede gestellt zu haben und beinahe handgreiflich geworden zu sein.

Tim alias KuchenTV (rechts)

KsFreak äußerte sich daraufhin ebenfalls per Video und entschuldigte sich bei seinen Fans dafür, dass er *KuchenTV* öffentlich beleidigt hatte, und stellte klar, dass er das Verhalten von *KuchenTV* dennoch nicht gut finde.

KsFreaks Statement zu KuchenTV

NOCH MEHR BEEF

Im August blieb es jedoch nicht bei diesem Beef. Nur wenige Tage später veröffentlichte der YouTuber *Mii Mii* ein Video mit dem Titel: „SIMON DESUE UND LEON MACHERE HABEN MICH GEJAGT, BEDROHT UND BEKLAUT". Darin erzählte er von einem unschönen Vorfall auf der *Gangtour*. Wie er erklärte, habe er die *Gangtour* besucht, um dort den YouTubern *ApoRed* und *Leon Machère* offen seine Meinung zu sagen. Hierauf habe *Leon Machère* jedoch alles andere als vernünftig reagiert. Er blockte ab und soll laut *Mii Mii* gedroht haben, ihn zu schlagen.

Nachdem eigentlich schon Ruhe eingekehrt war, sollen schließlich mehrere Personen auf *Mii Mii* zugekommen sein, ihn verfolgt und schließlich seine Speicherkarte zerstört haben.

Bei diesen Personen soll es sich unter anderen um *Simon Desue* und *Leon Machère* gehandelt haben, wie einige Video-Aufnahmen dokumentieren. Auch

Simon Desue schwieg zu dem Vorfall

wenn weder *Leon Machère* noch *Simon Desue* auf diesen Vorwurf reagierten, sorgte das Video für enorme Aufmerksamkeit und warf ein schlechtes Bild auf die beiden sehr beliebten und reichweitenstarken YouTuber.

#08 - AUGUST

NEUE MUSIK VON DIELOCHIS UND APECRIME

ApeCrimes Video zur Single „BANG!"

Trotz des ganzen Beefs gab es im August auch noch einige erfreuliche Ereignisse in YouTube-Deutschland, denn sowohl *ApeCrime* als auch *DieLochis* veröffentlichten neue Musik. Während *Andre*, *Cengiz* und *Jan* mit ihrer EP *Bang!* drei neue Songs rausbrachten, überraschten *DieLochis* sogar mit ihrem ersten eigenen Album *#ZWILLING*.

In insgesamt 13 Songs geben sich *Roman* und *Heiko Lochmann* dabei deutlich ernster und musikalischer als in ihren YouTube-Videos. *#ZWILLING* ist aufwendig produziert und kommt mit vielseitigen Songs daher, in denen *DieLochis* über die erste Liebe, Heimweh und ihre Träume singen.

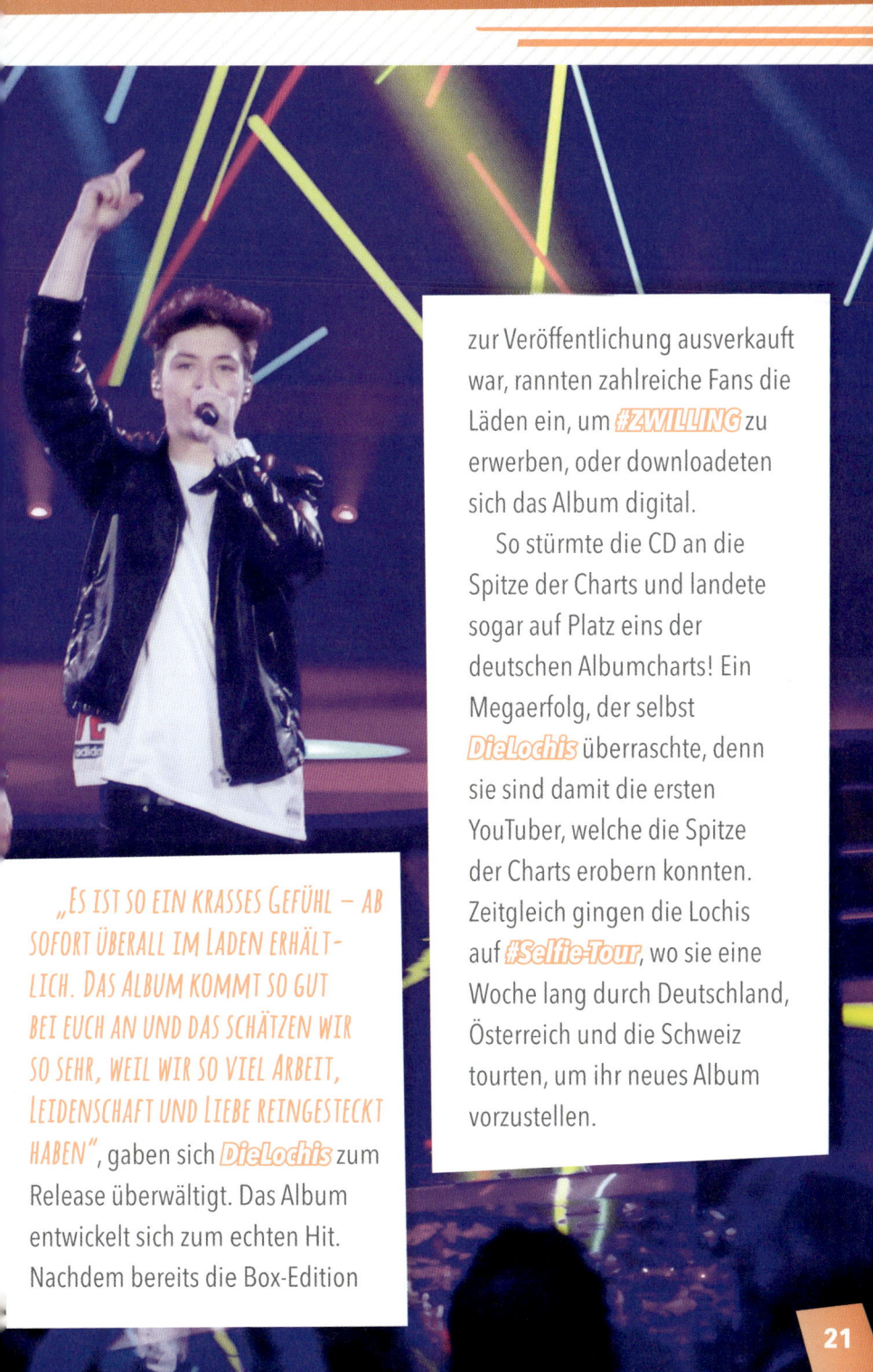

zur Veröffentlichung ausverkauft war, rannten zahlreiche Fans die Läden ein, um #ZWILLING zu erwerben, oder downloadeten sich das Album digital.

So stürmte die CD an die Spitze der Charts und landete sogar auf Platz eins der deutschen Albumcharts! Ein Megaerfolg, der selbst DieLochis überraschte, denn sie sind damit die ersten YouTuber, welche die Spitze der Charts erobern konnten. Zeitgleich gingen die Lochis auf #Selfie-Tour, wo sie eine Woche lang durch Deutschland, Österreich und die Schweiz tourten, um ihr neues Album vorzustellen.

„Es ist so ein krasses Gefühl – ab sofort überall im Laden erhältlich. Das Album kommt so gut bei euch an und das schätzen wir so sehr, weil wir so viel Arbeit, Leidenschaft und Liebe reingesteckt haben", gaben sich DieLochis zum Release überwältigt. Das Album entwickelt sich zum echten Hit. Nachdem bereits die Box-Edition

#08 - AUGUST

TOPS UND FLOPS IM AUGUST

LIKE!

- **#Zwilling**
  DieLochis charten mit ihrem Album auf Platz eins und zeigen damit, dass sie auch im Musikbusiness Erfolg haben. Echt stark!

- **Gamescom und VideoDays**
  YouTube-Fans kamen im August voll auf ihre Kosten.

- **Dagi Bee** beweist mit ihrer eigenen Marke, dass sie auch Mode machen kann.

- **Mario Novembre** gewinnt den ersten **VideoVision SongContest**. So startet man in der Webvideowelt richtig durch!

DISLIKE!

👎 Beef
Nervt einfach nur und führt oft zu unnötigen Streitereien, wie der August bewies. *KsFreak*, *KuchenTV*, *Mii Mii* und *Simon Desue* sowie *Leon Machère* sollten lieber noch mal Nachhilfe in Sachen Anstand nehmen.

👎 Instagram Stories
Die *Instagram Stories* erfreuen sich zwar großer Beliebtheit, sind aber eigentlich nur eine dreiste Kopie von Snapchat. Schade!

Fail: Simon Desues und Leon Machères Beef mit Mii Mi

#09
SEPTEMBER

Nach einem spannenden August ging es auch im September nicht weniger interessant in YouTube-Deutschland weiter. Gleich in der Nacht vom 31. August auf den 1. September wechselte Deutschlands bekanntester Internet-Gaming-Sender Rocket Beans TV von Twitch zu YouTube. Dafür veranstalteten sie eine große Show und bedankten sich bei Twitch, bevor dort schließlich nach gut eineinhalb Jahren der Stream abgeschaltet wurde.

#09 - SEPTEMBER

YOUTUBE DEAKTIVIERT MONETARISIERUNG

Obwohl YouTube den ersten Online-Gaming-Sender Deutschlands auf seiner Plattform begrüßen konnte, sorgte Googles Videoplattform Anfang September erst einmal für negative Schlagzeilen. Es beschwerten sich einige große YouTuber, weil YouTube die Monetarisierung ihrer Videos ausgesetzt hat. Als Grund dafür wurde angegeben, dass diese Clips „nicht werbekundenfreundlich" seien. Die betroffenen YouTuber hatten jedoch keine Videos hochgeladen, die gegen die YouTube-Richtlinien verstießen oder Inhalte enthielten, die ganz bewusst nicht werbefreundlich waren. Stattdessen waren dies oft News-Videos, in denen lediglich über sensible Themen wie Depression, Gesundheitsthemen oder Forschung gesprochen wurde.

Das ist vor allem für YouTuber kritisch, die dies beruflich machen und von YouTube leben. Selbst wenn die automatische Demonetarisierung fehlerhaft sein sollte, dürfte dies verheerende Auswirkungen für sie haben. In den ersten 24 bis 48 Stunden wird nämlich der Großteil der Videoaufrufe generiert, wodurch die betroffenen YouTuber einen großen Teil ihrer Einnahmen verlieren.

Obwohl sich viele YouTuber beschwerten, gab die Plattform nicht klein bei und demonetarisiert auch heute noch fleißig weiter „nicht werbefreundliche" Videos. Schade, dass somit viele Creator trotz cooler Inhalte von YouTube „bestraft" werden.

#SAVESELOUS

Abseits von den Geschehnissen rund um YouTube besuchten die beiden YouTuberinnen *Kelly MissesVlog* und *Jodie Calussi* Afrika, genauer gesagt das Wildreservat Selous in Tansania. Natürlich reisten die beiden YouTuberinnen nicht nur zum Spaß dahin, sondern sie wurden von der Umweltorganisation WWF persönlich eingeladen, um auf die Missstände im Reservat aufmerksam zu machen.

Diese eigentlich von Menschen unberührte Wildnis ist laut WWF stark gefährdet. In den letzten vier Jahren sollen dort 66 Prozent aller Elefanten getötet worden sein. *Kelly* und *Jodie* konnten bei ihrem Besuch einen authentischen Blick in die Wildnis erlangen und ihren Zuschauern Einsicht in das Reservat geben. Zudem forderten sie ihre Zuschauer auf, sich für den Erhalt des Wildreservates einzusetzen und bei der Petition des WWF mitzumachen. Damit ist die Aktion eine Win-win-Situation für alle und verdeutlicht, welche Rolle YouTuber mittlerweile einnehmen können, um möglichst große Aufmerksamkeit auf bestimmte Problematiken zu richten.

Kelly und Jodie besuchen Gemeindeschutzgebiete

#09 - SEPTEMBER

MIT #NICHTEGAL WEITER GEGEN HASS AUF YOUTUBE

#SaveSelous war aber nicht die einzige Aktion im September, bei der sich YouTuber für eine gute Sache einsetzten. Die im August gestartete Kampagne *#NichtEgal* wurde im September bundesweit gemeinsam mit der Freiwilligen Selbstkontrolle Multimedia-Diensteanbieter (FSM), Digitale Helden und der Bundeszentrale für politische Bildung ausgerollt. Mit

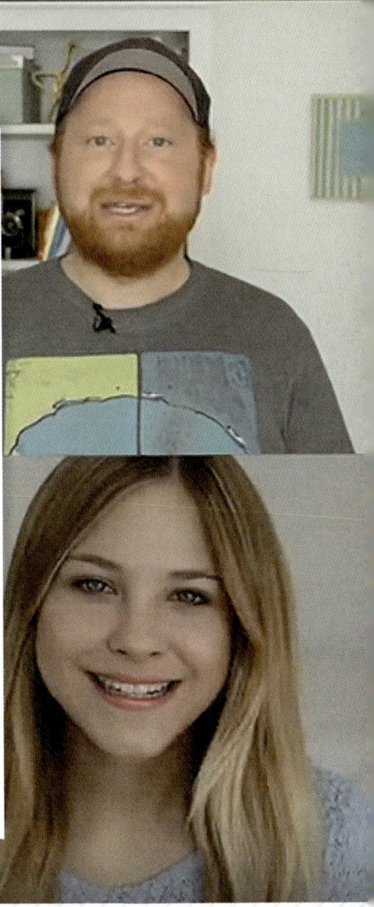

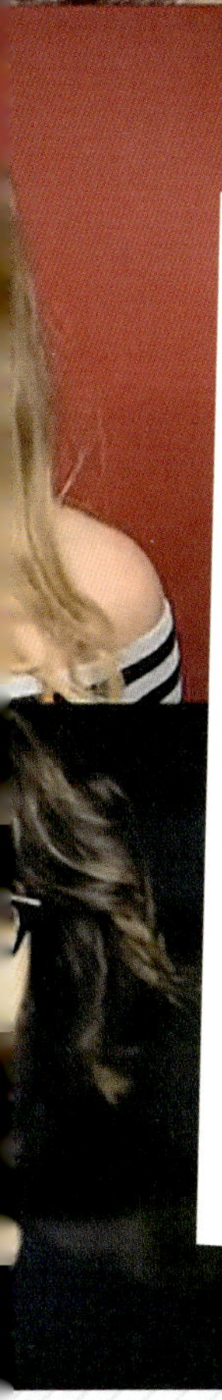

dabei waren auch jede Menge YouTuber wie *DieLochis*, *Dagi Bee*, *Bullshit TV*, die *SPACE FROGS*, *Diana zur Löwen*, *Doktor Allwissend*, *MrWissen2go* und die *Datteltäter*, die sich alle mit eigenen Videos für mehr Toleranz und Offenheit stark machten.

„Als YouTuber ist man täglich mit Hass konfrontiert. #NichtEgal ist deshalb eine gute Aktion, dagegen vorzugehen", äußerte sich *Diana zur Löwen* stellvertretend für die beteiligten YouTuber zu der Aktion.

#09 - SEPTEMBER

KRITIK

Was erst einmal nach einer guten Aktion klingt, sorgte jedoch auch für einige Kritik. Dabei hatte bereits der Start von  einen faden Beigeschmack, als das Hashtag von rechtsgerichteten Strömungen gekapert und jede Menge Hass und Hate-Speech anstelle von Botschaften für mehr Toleranz in den sozialen Netzwerken geteilt wurden.

Zudem kritisierten einige der eigentlich daran beteiligten YouTube-Kanäle die Kampagne lautstark. So verurteilte etwa *HandOfBlood* in einem Tweet die Auswahl der teilnehmenden YouTuber sowie die Verwendung des Hashtags auf Twitter. Einige der YouTuber, welche die Kampagne unterstützen, wie *Dagi Bee* oder *Bullshit TV*, sollen beispielsweise in der Vergangenheit selbst schon online Hass verbreitet haben.

 **HandOfBlood** ✓
@HandlOflBlood

Wollt für nen guten Zweck bei #NichtEgal teilnehmen, allerdings unter anderen Voraussetzungen. Hatte mich extra erkundigt wer noch dabei ist

NOCH MEHR KRITIK

Ebenfalls gab es auch erneut an YouTube selbst Kritik. So erhob die französische YouTuberin *Laetitia Nadji* schwere Vorwürfe gegen die Plattform. Die Französin wurde gemeinsam mit dem deutschen YouTuber *Jonas Ems* und dem polnischen Star *Łukasz Jakóbiak* von YouTube und der EU-Kommission nach Brüssel eingeladen, um den Kommissionspräsidenten Jean-Claude Juncker live zu interviewen. Dies klappte reibungslos – jedoch nur vor der Kamera.

Hinter den Kulissen soll *Nadji* von einem YouTube-Mitarbeiter unter Druck gesetzt und gar bedroht worden sein. Dieser soll die Französin dazu gedrängt haben, anstelle ihrer kritischen Fragen lieber Fragen nach dem Haustier von Juncker zu stellen, ansonsten würde sie es sich schnell mit ihrer Karriere verscherzen. Diese Vorwürfe dementierte die Plattform zwar, aber ein fader Beigeschmack bleibt. Der Vorfall zeigt, welche Probleme entstehen können, wenn Politiker ihr Image mithilfe reichweitenstarker YouTuber aufpolieren möchten, diese dabei jedoch nicht mitspielen und nicht „nur" harmlose Fragen stellen wollen.

Laetitia Nadji interviewt Juncker

#09 - SEPTEMBER

DIE TRENDS DES MONATS

musical.ly

Abgesehen von dem Juncker-Interview erlebte musical.ly im September einen Megahype. Die App, in der man per Lip-syncing bekannte Songs nachsingen und davon kurze Videos erstellen kann, erfreute sich sehr großer Beliebtheit.

Dies führte dazu, dass auch einige YouTuber die App ausprobierten und in ihren Videos thematisierten. So filmten sich zum Beispiel *ConCrafter*, *AlexV* und *ApoRed* dabei, wie sie sich musicals anschauten. Die YouTuber, die die App testeten, gewannen schnell selbst Tausende Follower auf musical.ly.

Einen beachtlichen Teil trugen hierzu die deutschen Zwillinge *Lisa and Lena* bei, die auf musical.ly innerhalb weniger Monate mehrere Millionen Follower erreichten.

„Baden in ..."-Videos

Ein weiterer skurriler Trend machte im September in YouTube-Deutschland die Runde. Die Rede ist von den unzähligen *„Baden in ..."* - Videos. Wer genau diesen kuriosen Trend startete, ist zwar nicht bekannt, auf jeden Fall führte er zu zahlreichen mehr oder weniger unterhaltsamen Videos.

YouTube Heroes-Programm

Viel Hate erntete zudem das *Heroes-Programm* von YouTube. Damit erlebte die Plattform einen sehr stürmischen September, nachdem YouTube zuvor schon für die Demonetarisierung, *#NichtEgal* und das Interview mit Jean-Claude Juncker kritisiert wurde. Bei den *YouTube Heroes* handelt es sich um ein Programm, bei dem jeder mithelfen kann, YouTube aufzuräumen. Als Hero meldet man Videos, die nicht den YouTube-Richtlinien entsprechen.

Simon Desue beispielsweise filmte sich dabei, wie er in Wackelpudding, 20 kg Eiswürfeln, 40 kg Nutella oder 40 Litern Schleim badete. Selbstverständlich schauten ihm Millionen zu.

Den Höhepunkt erreichte der absurde Trend, als der YouTuber *Miguel Pablo* ein Bad in 100 kg Chicken Wings nahm. Dafür wurde er zu Recht von vielen Zuschauern und auch YouTubern für die verschwenderische Verwendung von Lebensmitteln gehatet und kritisiert.

Dadurch möchte die Plattform erreichen, dass ihre Richtlinien stärker durchgesetzt werden. Zwar ist dies erst einmal eine gute Idee, jedoch sorgte das Programm für jede Menge Misstrauen zahlreicher Nutzer. Diese befürchten, dass das System missbraucht werden könnte, da Nutzer übereifrig werden und Inhalte flaggen könnten, die gar nicht gegen die YouTube-Richtlinien verstoßen.

Simon Desue badet in Nutella

#09 - SEPTEMBER

Start von funk

Zum Ende des Monats gab es noch ein echtes Highlight. So wurde *funk*, das junge Angebot von ARD und ZDF, enthüllt. Bereits seit einigen Monaten stand fest, dass das Programm am 1. Oktober starten soll. ARD und ZDF hatten sich bis dahin jedoch stets sehr bedeckt gehalten, weder der Name noch die Inhalte, die laufen werden, waren bekannt. Diese sowie die mehr als 40 Startformate wurden erst Ende September, kurz vor dem Launch von *funk*, verkündet.

Beim Start von *funk* waren auch jede Menge YouTuber dabei, denn *funk* findet vor allem auf YouTube, Facebook, Snapchat und Co. statt. So gibt es mit dem *Bohemian Browser Ballett* eine Late-Night-Show ohne festen Sendetermin, Moderation oder Talkgäste, welche in erster Linie auf Facebook läuft. Mit dem *Kliemannsland* erhält der YouTuber *Fynn Kliemann* seinen eigenen Bauernhof, wo er jede Menge verrückten Stuff treibt.

In *HEADLINEZ* wiederum analysiert der Polit-Blogger *Rayk Anders* die Inhalte hinter den Schlagzeilen und stellt die nackten Fakten in den Vordergrund und mit *Game Two* von den *Rocket Beans TV* wurde ein Nachfolger der 2014 von MTV eingestellten Gaming-Show *Game One* geschaffen, wo in gewohnter Manier die neuesten Games mit viel Humor vorgestellt werden.

Dies sind nur einige Beispiele, aber sie zeigen, dass man auch qualitative Inhalte auf YouTube produzieren kann, die trotzdem Spaß machen! Denn obwohl *funk* von dem öffentlich-rechtlichen Rundfunk kommt, handelt es sich bei den Shows um alles andere als angestaubte oder aufgewärmte TV-Formate. Außerdem bietet *funk* neben den zahlreichen Webvideo-Formaten eine eigene App, die mit ihrer Mischung aus Tinder und Snapchat den Usern News, Serien und vieles mehr zur Verfügung stellt.

Lisa Sophie im funk-Format „Auf Klo"

Game Two 2: Etienne Gardé, Daniel Budiman, Nils Bomhoff und Simon Krätschmer

#09 - SEPTEMBER

TOPS UND FLOPS IM SEPTEMBER

LIKE!

#SaveSelous
Dass YouTuber sich auch für wohltätige Zwecke einsetzen, zeigten **Kelly MissesVlog** und **Jodie Calussi**. Sie mobilisierten ihre Fans, um das Wildreservat Selous zu retten. Starke Leistung!

musical.ly
Das nächste heiße Ding. Ein schlauer Schachzug vieler YouTuber, gleich auf den Trend aufzuspringen.

funk
Mehr Qualität und coole Inhalte: Das versprach *funk* mit seinem Launch von gleich 40 neuen Formaten. Echt cool, dass sich nun auch ARD und ZDF an YouTube, Snapchat & Co. versuchen!

Leon Machère und ApoRed baden in Brennnesseln

DISLIKE!

- Für YouTube war der September auf jeden Fall ein schwerer Monat. Kein Wunder, hat die Plattform doch jede Menge falsch gemacht. Fail!
- Die „Baden in …" - Videos sorgten zwar für viel Furore, jedoch auch für viel Häme und Spott. Das geht eindeutig besser!

Bibi badet in Wasserbomben

#10 OKTOBER

Nach der Vorstellung im September startete *funk* schließlich im Oktober so richtig durch. Und das erst einmal ohne großen Trubel, denn bis auf das Logo ist es eigentlich gar nicht erkennbar, ob ein Video zu *funk* gehört. Dennoch erfreuen sich viele der neuen Formate wie das *Kliemannsland* oder das *Bohemian Browser Ballett* schnell großer Beliebtheit. Andere Shows wie das Talkformat *Auf Klo* für Mädels oder *Tourettikette*, in dem *Bijan Kaffenberger* von Chemtrails über rasierte Beine bis hin zu Zukunftsängsten über alle möglichen Themen redet, blieben hingegen bisher ein wenig unter dem Radar.

#10 - OKTOBER

SHIRIN DAVID WIRD JURORIN BEI DSDS 😍

Alles andere als unter den Radar fielen dagegen die News, dass Shirin David neue Jurorin bei der TV-Sendung DEUTSCHLAND SUCHT DEN SUPERSTAR wird. Nachdem es in den Monaten zuvor ein wenig ruhig um die YouTuberin geworden war, sorgte diese Nachricht für jede Menge Begeisterung bei ihren Shirizzles.

Damit wird Shirin David nicht nur die Jüngste in der Jury sein, sondern auch die erste deutsche YouTuberin, die als Jurorin an einer solchen TV-Show mitwirkt. Auf jeden Fall eine starke Leistung der gerade mal 21-jährigen YouTuberin!

„ICH BIN VOR ALLEM DANKBAR, DASS ICH DIE CHANCE HABE, NEUE GESANGSTALENTE EIN STÜCK AUF IHREM WEG BEGLEITEN ZU KÖNNEN. ES WIRD DEFINITIV EINE HERAUSFORDERUNG SEIN, DENN DAS GANZE IST SEHR NEU FÜR MICH, ABER ICH BIN BEREIT!", erklärte Shirin.

DAS STECKT HINTER DEM UFO

RoomTour vom UFO

Doch nicht nur *Shirin* hatte eine Megaüberraschung für ihre Fans. Denn *Dner*, *izzi*, *Paluten*, *rewinside* und *Sturmwaffel* lösten endlich auf, was hinter dem *„geheimen Geheimprojekt"* steckt. Bereits Wochen vorher hatten sie schon mehrfach angedeutet, dass sie miteinander ein großes Projekt starten wollen. Wie sie schließlich Anfang Oktober bekannt gaben, handelt es sich bei dem geheimen Geheimprojekt um ein gemeinsames Büro, in das die fünf YouTuber gezogen sind.

In dem Büro, das den Namen *UFO* trägt, wollen *Dner*, *rewi*, *izzi* und Co. ab sofort ihre Videos aufnehmen und zusammen neue Projekte wie das Talk-Format *ramble!* starten, in dem *Dner* und *izzi* über aktuelle Themen diskutieren. Dafür hat jeder der fünf Jungs einen eigenen Raum, welchen er sich ganz individuell eingerichtet hat. Der Einzug ins *UFO* wurde dabei natürlich ausführlich per Kamera dokumentiert, sodass ihre Fans genau nachverfolgen konnten, wie alle Räume Schritt für Schritt dekoriert worden sind.

izzi richtet sein Zimmer im UFO ein

#10 - OKTOBER

VIDEODAYS BERLIN

Anfang des Monats fanden ebenfalls die *VideoDays Berlin* statt. Eigentlich sollten neben dieser Show auch noch weitere *VideoDays* in München und Hamburg veranstaltet werden. Wie die Organisatoren der *VideoDays* jedoch kurz vorher bekannt gaben, mussten diese abgesagt werden, da ihnen leider die Zeit dafür fehlte. Somit waren die *VideoDays Berlin* gleichzeitig auch die letzten *VideoDays* 2016, aber dafür boten sie an zwei Tagen einen großen Abschluss der YouTube-Events-Saison. Mit dabei waren unter anderen *Liont*, *Cheng Loew*, *Katja Krasavice*, *Mike Singer*, und *Sapphire*, um ihre Fans zu treffen und am *ShowDay* aufzutreten.

Gruppen-Selfie in Berlin

Autogrammstunde mit Katja Krasavice

#10 - OKTOBER

100.000 EURO SCHULDEN BEI YOUTUBE?!

Kaum waren die VideoDays vorbei, machte eine besonders skurrile Geschichte die Runde. Ein spanischer YouTuber soll bei YouTube 100.000 Euro Schulden angehäuft haben. Aber das war natürlich nicht die Absicht des erst 12-jährigen Spaniers José Javier Quesada, denn eigentlich wollte er sich nur an YouTube versuchen und dort die Musikvideos seiner Band hochladen.

Statt seine Videos für Werbung freizuschalten, aktivierte der 12-Jährige unbewusst Werbung für seinen Kanal, was zwar zu neuen Zuschauern, jedoch auch hohen Kosten führte. Dies fiel seiner Familie aber erst auf, als die Bank Ende September eine Abmahnung verschickte und seine Eltern bemerkten, dass ihr Sohn 100.000 Euro Schulden angesammelt hatte. Glücklicherweise erlies Google der geschockten Familie jedoch den Schuldenberg, sodass der junge YouTuber vorerst als Strafe nur ein Computerverbot erhielt.

MELINA SOPHIE RASIERT IHRE HAARE AB

Für reichlich Aufmerksamkeit sorgte auch *Melina Sophie*. Die YouTuberin ist ja gern mal für ihre offenen und direkten Worte bekannt, denen sie auch Taten folgen lässt. Genau das tat sie im Oktober 2016, um ihren Fans zu zeigen, dass wahre Schönheit von innen kommt. So durfte sie erleben, wie eine Freundin, die sich lediglich eine Kurzhaarfrisur schneiden ließ, dauernd komisch angeschaut und mit oberflächlichen Vorurteilen konfrontiert wurde. Um dem entgegenzuwirken und ein Zeichen gegen die Oberflächlichkeit der Gesellschaft zu setzen, verkündete sie deshalb: *„Ich will mich nicht mehr unter meinen Haaren verstecken"*, und ließ sich ihre Haare bis auf wenige Millimeter abrasieren.

Damit will sie die Botschaft verbreiten, dass jeder schön ist, so wie er oder sie ist. Eine gelungene Aktion, mit der *Melina* erfolgreich ein Millionenpublikum auf die Thematik aufmerksam machte und viel Beachtung erhielt.

#10 - OKTOBER

TADDLS COMEBACK

Neben all diesen crazy Aktionen gab es im Oktober außerdem ein großes Comeback! *Taddl*, der 2015 alle Videos von seinem Kanal gelöscht hatte, veröffentliche zum ersten Mal seit mehr als zwölf Monaten ein neues Video auf seinem YouTube-Channel. Darin erklärte er, wie es dazu kam, dass er mit YouTube aufgehört hat, und warum er jetzt wieder weitermachen möchte.

So habe er sich immer mehr dazu zwingen müssen, einfach nur irgendwelche Videos zu produzieren, selbst wenn er keine Lust dazu hatte. Nun will *Taddl* jedoch wieder mit YouTube starten und Videos drehen, die ihm wirklich Spaß machen und ihm wichtig sind.

Taddl is back!!!

NEUE MUSIK VON DAT ADAM

Sein YouTube-Comeback war jedoch nicht das Einzige, mit dem Taddl im Oktober auftrumpfte. Gemeinsam mit Ardy und marleymusik hat er in den letzten eineinhalb Jahren an einem eigenen Album gearbeitet. Das Album mit dem Namen Hydra 3D erschien schließlich ohne große vorherige Ankündigung Ende Oktober.

DAT ADAM bei den VideoDays

Wie Fans es bereits von ihrem musikalischen Debüt, der EP Chrome, kennen, kommt auch das Album mit einem ganz individuellen Sound und jeder Menge Auto-Tune daher. Die Jungs erläuterten, dass das Album keine lose Ansammlung von Studiosessions sei, sondern eine Reihe von Songs, die ineinander überfließen und einem bestimmten Konzept folgen.

Wie schon bei der EP Chrome haben DAT ADAM sämtliche Songs selbst geschrieben, produziert, aufgenommen und abgemischt. Damit zeigten uns DAT ADAM, wie es klingen kann, wenn YouTuber sich auch musikalisch versuchen, und erreichten so mal eben Platz fünf der deutschen Albumcharts. Ein Beweis dafür, dass Musik von YouTubern super ankommt. Dazu kündigten sie an, auch gleich auf Tour zu gehen – die innerhalb weniger Tage fast vollständig ausverkauft war.

#10 - OKTOBER

LIKE ODER DISLIKE

Nicht musikalisch, sondern filmisch ging es im Oktober bei *Dner* heiß her. Pünktlich zu der US-Wahl 2016 hatte er gemeinsam mit dem ZDF eine eigene Dokumentation gedreht. In *Like or Dislike* versuchte er herauszufinden, wie das junge Amerika tickt, was die jungen Amerikaner im Vorfeld der Wahl denken und welche politischen Themen die Menschen in den USA beschäftigen.

So traf er unter anderen die *Peterson Farm Bros* in Kansas, die ebenfalls auf YouTube aktiv sind, Schüler in New York und junge Aktivisten aus der LGBT+-Community in Orlando. Zudem besuchte er in der Doku Metropolen wie Detroit oder reiste in die Wüste zum „Burning Man"-Festival. Die Dokumentation wurde nicht nur im ZDF ausgestrahlt, sondern auch auf dem YouTube-Kanal von *Felix von der Laden* (*Dners* bürgerlicher Name). Damit bewies der YouTuber, wie man erfolgreich und in hoher Qualität Videos produzieren kann, die aufklären und junge Leute für die Wahl sensibilisieren.

START VON WISHLIST 😎

Neben Like or Dislike startete im Oktober außerdem die Serie *Wishlist*, welche neue Qualitätsmaßstäbe für Webserien in Deutschland setzte. Aufhänger der für *funk* produzierten Serie ist die mysteriöse App *Wish*. Sie verspricht, jeden Wunsch zu erfüllen – wenn im Gegenzug eine von der App gestellte Aufgabe erledigt wird.

viele von YouTubern gedrehte Serie ist *Wishlist* alles andere als 08/15. Mit einer aufwendigen Produktion, guten Schauspielern und einer spannenden Handlung überzeugte die Webserie von Beginn an. Und auch einige YouTuber wie *Dagi Bee*, *dailyknoedel* oder *Davis Schulz* haben eine Gastrolle.

Ein verlockendes Spiel, das jedoch dazu führt, dass eine Gruppe von Freunden an die Grenze zwischen Selbstverwirklichung und Moral gelangt und damit sich und andere in Gefahr bringt. Anders als

Dagi Bee als „Angie"

#10 - OKTOBER

VERÄNDERUNGEN...

APECRIME

Ebenfalls für mehr Qualität setzten sich ApeCrime ein. Andre, Cengiz und Jan veröffentlichen ein Video auf ihrem Kanal mit dem Titel „EHRLICHE WORTE". Darin erklärten sie, dass sie mit ihrer eigenen Entwicklung nicht zufrieden seien und Videos produziert hatten, hinter denen sie selbst nicht komplett stehen. Diese Videos erhalten zwar Views, jedoch werden sie von den Apes nicht mehr gefeiert.

Aus diesem Grund entschieden sich die drei Jungs, nur noch das zu tun, was sie selbst gut finden und ihnen wirklich Spaß macht. Als Konsequenz wollen die Apes ihre Kanäle umstrukturieren. So sollen auf ihrem Kanal ApeCrime nur noch Videos zu ihrer Musik erscheinen. Alle anderen Videos werden auf dem Channel ApeCrimeTV online gestellt – vorausgesetzt, sie können sich für etwas richtig begeistern.

„Ehrliche Worte" von Andre

CONCRAFTER

In dieselbe Richtung bewegte sich auch *ConCrafter*. Er postete im Oktober ein Video, in dem er begründete, warum er YouTube nicht zu seinem Beruf machen will. Anders als viele YouTuber in seiner Größenordnung betreibt er seinen Kanal nicht hauptberuflich, sondern studiert in erster Linie Betriebswirtschaftslehre in Köln. Hierfür habe er sich aktiv entschieden, da er YouTube als ein sehr schnelllebiges Geschäft ansehe:

ConCrafter: Warum studiere ich?

„Irgendwann wenn ich keinen Bock mehr auf YouTube habe, bin ich als selbstständiger YouTuber gezwungen, Videos zu machen, um mein Geld zu verdienen, da ich ja sonst nichts in der Tasche habe."

Aus diesem Grund kritisierte er, dass viele YouTuber inzwischen hauptberuflich Videos produzieren: „YouTube-Videos hauptberuflich zu machen, ist unklug."

Seiner Meinung nach ist dieser Hype nur zeitlich begrenzt und man steht vielleicht irgendwann ohne einen Schulabschluss oder eine abgeschlossene Ausbildung da. Aus diesem Grund möchte er YouTube auch in Zukunft weiter nur als Hobby betreiben, denn für ihn ist ganz klar der Spaß an der Sache am wichtigsten. Ein klares Statement – das zeigt, dass „YouTuber" als Beruf nicht unbedingt erstrebenswert ist.

#10 - OKTOBER

TOPS UND FLOPS IM OKTOBER

LIKE!

- *Shirin David* schafft es ins Fernsehen und wird Teil der Jury von DSDS. Das macht ihr bestimmt so schnell keiner nach!

- *Taddls Comeback*
  Er ist zurück und veröffentlicht gemeinsam mit *Ardy* und *Marley* als Teil der Band *DAT ADAM* das erste gemeinsame Album *Hydra 3D*. Die Fans feiern es ordentlich!

- Für mehr Qualität, innere Schönheit oder gute Inhalte: Dafür setzen sich *Dner*, *Melina Sophie*, *ApeCrime* und viele weitere Creator jeweils auf ihre ganz eigene Art und Weise ein. Starke Leistung!

DISLIKE!

100.000 Euro Schulden durch YouTube – das muss man erst mal hinkriegen. Einem spanischen YouTuber ist dies durch einen fatalen Fehler gelungen, aber er hat noch einmal Glück im Unglück gehabt.

NOVEMBER

Der November begann gleich mit einigen aufregenden Ankündigungen und coolen Webvideo-Formaten. Während manche dieser News und Videos wirklich rockten, waren andere einfach nur ein echter Fail und sorgten für Kritik und Hate. Los ging es aber erst einmal mit der Bundeswehr, die unter dem Namen *Die Rekruten* ihre eigene Webserie auf YouTube startete ...

#11 - NOVEMBER

DIE REKRUTEN

In bester Vlogging-Manier zeigt die Bundeswehr aus der Perspektive von zwölf jungen Rekruten, wie die Grundausbildung bei der Bundeswehr abläuft. So können die Zuschauer hautnah mitverfolgen, wie die Anfänger das erste Mal mit einem Gewehr schießen, an ihre körperlichen Grenzen gelangen und zu richtigen Soldaten ausgebildet werden.

Die Videos begeisterten schnell Hunderttausende Zuschauer, sodass *Die Rekruten* bis heute fast 300.000 Abonnenten und 45 Millionen Views auf YouTube erreichen konnte. Echt krass für eine YouTube-Reality-Doku!

KRITIK

Auch wenn *Die Rekruten* ein voller Erfolg für die Bundeswehr war, ist die Webserie durchaus umstritten, da sie inklusive der Werbekampagne zum einen ganze 7,9 Millionen Euro kostete und zum anderen einiges an Kritik erhielt, zum Beispiel, dass sie kein wahrheitsgemäßes Bild der Bundeswehr vermittele. So wurde verurteilt, dass der Eindruck entstehe, die Bundeswehr sei ein großer Abenteuerspielplatz. Doch trotz der Anschuldigungen scheint *Die Rekruten* seinen Zweck als Werbemaßnahme erfüllt zu haben, denn die Bundeswehr konnte ein deutlich höheres Interesse von jungen Bewerbern verbuchen.

#11 - NOVEMBER

BAHNBRECHENDE EINIGUNG VON YOUTUBE UND DER GEMA

Mit *Die Rekruten* gab es somit schon zum Monatsbeginn viel Diskussionsstoff, doch dieses Thema wurde schnell von einer ganz besonderen Meldung übertönt: YouTube und die GEMA gaben bekannt, dass sich beide Seiten endlich geeinigt und einen gemeinsamen Vertrag unterzeichnet haben!!! Für alle Musikfans war dies natürlich eine echte Sensation und ein großer Meilenstein für YouTube-Deutschland!

Nachdem jahrelang zahlreiche Musikvideos aufgrund von Streitigkeiten zwischen der GEMA und YouTube mit dem Hinweis „Dieses Video ist in Deutschland nicht verfügbar" gesperrt waren, kamen die beiden Parteien nun überraschend zu einer Übereinkunft, sodass jetzt alle Musikvideos in Deutschland angeschaut werden können. Doch nicht nur die Zuschauer können sich freuen, auch für Musiker ist diese Einigung eine tolle Neuigkeit. Die Interpreten werden ab sofort an den Videoeinnahmen beteiligt und können so ganz unkompliziert über YouTube Geld verdienen. Insgesamt rund 70.000 Musikurheber und Verleger erhalten dadurch eine Vergütung. Damit macht es endlich wieder richtig Spaß, via YouTube Musik zu hören!

WOMEN@YOUTUBE

Die Teilnehmerinnen der Women@YouTube Innovation Week

Ebenfalls eine erfreuliche Initiative von YouTube war das *Women@YouTube*-Programm. Im Rahmen dieser lud YouTube kreative Videomacherinnen aus Deutschland und Österreich nach Berlin zur *Women@YouTube Innovation Week* ein, um mit ihnen neue Ideen und Konzepte für ihre Kanäle zu entwickeln und um herauszufinden, wie sie noch über ihre eigenen Grenzen hinauskommen können. Mit dabei waren unter anderem *mirellativegal*, *Diana zur Löwen*, *Klein aber Hannah*, *Ella TheBee* und *Hatice Schmidt*, die gemeinsam neue Videos drehten, an Workshops teilnahmen und ihr Wissen in den Bereichen Set-Design, Shooting und Post Production erweitern konnten. Unterstützt wurden sie dabei von den YouTube-Stars *Nilam*, *Joyce Ilg*, *Kelly MissesVlog* und *TC* von *Y-Titty*. Somit bot YouTube den Creatorn eine super Möglichkeit, sich zu entfalten und neue Inspiration zu sammeln.

#11 - NOVEMBER

„24 STUNDEN IN ..."-VIDEOS

ApoRed 24 Stunden in der Trampolin-Halle

Ein wenig Inspiration haben sich auch *ApoRed*, *Leon Machère* und weitere deutsche Prank-YouTuber geholt – jedoch eher von der weniger feinen Art. Diese haben einfach einen Trend aus den USA kopiert und in gleicher Art in Deutschland umgesetzt. Die Rede ist natürlich von den *„24 Stunden in ..."*-Videos, die sich einer riesigen Beliebtheit erfreuen. In diesen Videos versteckten sich die YouTuber für mehrere Stunden in Kinos, Möbelmärkten, Autohäusern oder ähnlichen Geschäften, während sie geschlossen waren.

Hierbei filmten sich die YouTuber und ihre Zuschauer konnten hautnah verfolgen, wie sie sich vor dem Personal versteckten und anschließend versuchten, unbemerkt zu entkommen.

Leon Machère im Schwimmbad

Damit erregten die Prankster riesige Aufmerksamkeit und sorgten für jede Menge Gesprächsstoff. Während die Fans die YouTuber für diese Aktionen feierten und es sogar zu Nachahmern kam, fanden die betroffenen Unternehmen die Videos natürlich alles andere als lustig und zeigten die YouTuber für die meist illegalen Aktionen an.

ApoRed nachts in der Schule

Leon Machère 24 Stunden im Kino

Noch ist nicht entschieden, inwiefern ApoRed und Leon Machère strafrechtlich belangt werden können, jedoch dürfte dieses Verhalten nicht ohne Konsequenzen bleiben, weswegen die beiden YouTuber das umstrittene Format schließlich nach einigen Videos einstellten.

#11 - NOVEMBER

CASEY NEISTAT BEENDET „DAILY VLOGS"

Viel Gesprächsstoff lieferte im November 2016 auch Casey Neistat. Mit seinen DAILY VLOGS erlangte er weltweite Bekanntheit und konnte bis heute Millionen Abonnenten von sich überzeugen. In seinen aufwendig gefilmten und geschnittenen Vlogs zeigt er, was er alles in New York und auf seinen zahlreichen Reisen erlebt.

Dabei schafft es Casey Neistat, immer wieder mit krassen Aktionen, wie beim Snowboarden durch das winterliche New York oder einem Wakeboard-Trip durch die Kanäle Amsterdams, virale Hits zu landen, wofür ihn seine Fans feiern.

Nachdem er mehr als ein Jahr lang jeden Tag sein Leben gefilmt hatte, entschied er sich schließlich, seine DAILY VLOGS zu beenden und nur noch unregelmäßig neue Videos zu veröffentlichen – eine Entscheidung, die bei seinen Followern gar nicht gut ankam. Seine Zuschauer kommentierten unter seiner Videoankündigung: „DIESES VIDEOS IST WIE DAS ENDE EINES GROSSARTIGEN FILMS" oder: „ICH WERDE DEINE VLOGS SCHMERZLICH VERMISSEN. WAS SOLL ICH NUN AUF YOUTUBE SCHAUEN?".

Sehr Schade, denn seine täglichen Videos waren der Hammer!

LOOT FÜR DIE WELT 3

Im Gegensatz zu *Casey Neistat*, der seine Fans bitter enttäuschte, entfachten *LeFloid*, *Frodo*, die *SPACE FROGS* und viele weitere deutsche YouTuber Riesenbegeisterung. Bereits zum dritten Mal veranstalteten sie ihr Charity-Livestreaming-Event *Loot für die Welt*. 48 Stunden lang filmten die YouTuber sich live beim Zocken von Videospielen, starteten allerlei verrückte Aktionen und sorgten so für eines der unterhaltsamsten Streaming-Events des Jahres.

Natürlich stand nicht nur die Unterhaltung im Vordergrund, denn in erster Linie ging es bei *#LFDW3* darum, möglichst viel Geld für einen guten Zweck zu sammeln. Dabei konnten die Zuschauer im Stream spenden, um die wohltätigen Organisationen Kinderhilfe e.V., VIER PFOTEN und dem Bundesverband Deutsche Tafel e.V. zu unterstützen. Tausende Zuschauer steuerten innerhalb dieser 48 Stunden stolze 170.585,87 Euro bei! Eine unglaublich hohe Summe, die selbst die beteiligten YouTuber überraschte, so schrieb *LeFloid*: „HALTET EUCH FEST! DARAUF WAR ICH NICHT GEFASST! WIE UNENDLICH KRASS IST DAS DENN BITTE? DA HAB ICH JA GLATT DIE HEFTIGSTE GÄNSEHAUT EVER."
Somit zeigten *LeFloid*, die *SPACE FROGS* und Co., was YouTuber heutzutage bewirken und welchen positiven Einfluss sie mit ihrer Reichweite auf die Gesellschaft haben können.

Die Teilnehmer

#11 - NOVEMBER

VIDEO CON VIENNA

Während *Loot für die Welt 3* sich für den guten Zweck einsetzte, fand parallel in Wien die *Video Con Vienna*, Österreichs bislang größtes YouTuber-Fan-Event, statt. Rund 20.000 Fans kamen in die österreichische Hauptstadt, um *Cute Life Hacks*, *Celina Blogsta*, *VeniCraft*, *iBlali* oder *OG* und *Phil* von *Y-Titty* zu sehen, sich ein Autogramm zu sichern oder ein Selfie mit ihren Idolen zu machen.

Auch Celina Blogsta war dabei

Dazu wurde eine große Bühnenshow veranstaltet, bei der einige der großen Stars auftraten, sich interviewen ließen und die Fragen ihrer Fans beantworteten.

Die *Video Con* stellte somit erfolgreich unter Beweis, dass es mittlerweile auch in Österreich eine richtige YouTube-Szene gibt und der Hype um die Stars auch dort angekommen ist. Einige der Top-YouTuber aus Österreich wie *VeniCraft* oder *Celina Blogsta* erreichen mittlerweile, ähnlich wie deutsche YouTube-Stars, mit ihren Videos Hunderttausende Zuschauer in Österreich, Deutschland und der Schweiz.

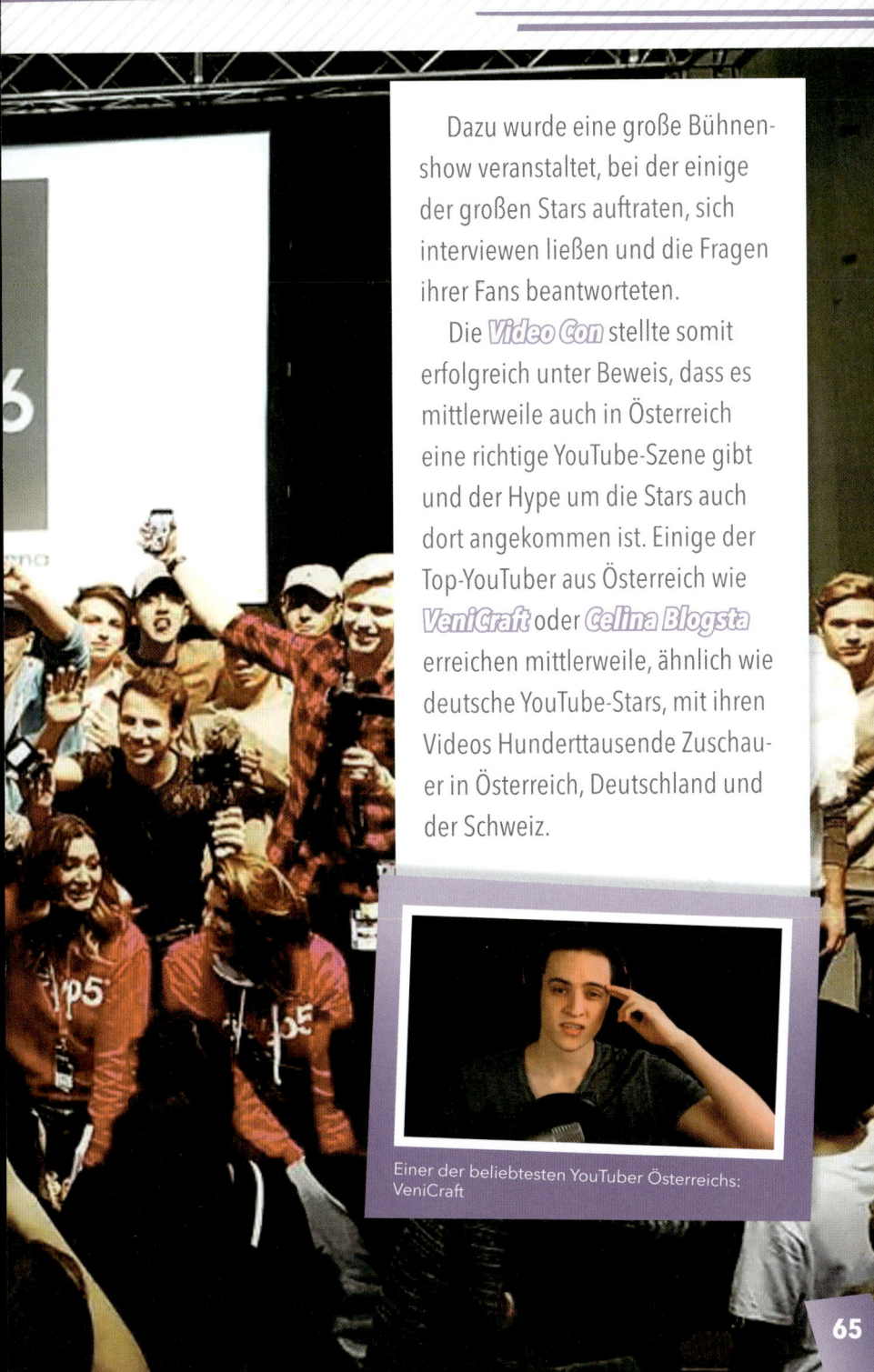

Einer der beliebtesten YouTuber Österreichs: VeniCraft

#11 - NOVEMBER

#FINALCLASH STARTET

Kaum waren *Loot für die Welt* und die *Video Con Vienna* vorbei, wartete schon das nächste Highlight auf YouTube-Fans. Nachdem bereits in den vergangenen Monaten immer mehr Details bekannt geworden waren, startete im November schließlich mit *#FinalClash* die dritte Staffel von *TubeClash*. Das Erfolgs-Format, welches bereits mit den beiden vorigen Staffeln Hunderttausende Fans begeistern konnte, ging damit in die letzte, finale Staffel.

Ähnlich wie bei den ersten *TubeClash*-Staffeln stehen im großen Finale auch wieder die Abenteuer verschiedenster YouTuber in einer neuen Welt im Vordergrund. Das Besondere bei der Animationsserie von *darkviktory* ist, dass die Community die Handlung selbst mitbestimmen und durch Kommentare sowie Votings entscheiden kann, was mit den animierten YouTube-Helden als Nächstes passieren soll.

darkvictory über das Making von #FinalClash

Während dabei zuvor jedoch hauptsächlich bekannte YouTuber wie *Gronkh*, *ConCrafter*, *Dagi Bee* oder *GermanLetsPlay* die animierten Hauptfiguren spielen, entschloss sich *darkviktory*, bei *FinalClash* den Fokus vor allem auf talentierte und kreative Newcomer zu richten:

„Klar – #TubeClash ist unter anderem auch groß und erfolgreich geworden, weil bisher große und erfolgreiche YouTuber die handelnden Akteure waren – das bleiben sie auch weiterhin – allerdings wollen wir als ‚Abschiedsgeschenk' nun die Reichweite des Formates nutzen, um neuen Gesichtern Platz zu machen und ihnen ihre Time to Shine zu liefern."

So sind die größtenteils noch unbekannten YouTuber *dieserpan*, *Horrorkissen* und *Halbzwilling* die Protagonisten von *#FinalClash*, die dadurch natürlich stark an Bekanntheit dazugewinnen konnten. Damit bot die dritte Staffel von *#TubeClash* nicht nur einen furiosen und unterhaltsamen Abschluss der beliebten Animationsserie, sondern gleichzeitig auch eine gute Plattform zur Talentförderung. Auf jeden Fall eine coole Idee von *darkviktory* und seinem Team!

#11 - NOVEMBER

JULIA BEAUTX UND MONTANABLACK LAUNCHEN EIGENE MARKEN

Während es *darkviktory* mit *#TubeClash* schon geschafft hat, eine starke Marke aufzubauen, wagten im November *Julia Beautx* und *MontanaBlack* ebenfalls den Start eigener Brands. Anders als *darkviktory* versuchten sich die beiden YouTuber dafür im Kosmetik- bzw. im Fashion-Bereich. Pünktlich zum Meilenstein von einer Million Abonnenten präsentierte *Julia* ihre ersten eigenen Handpflegeprodukte unter dem Label *Beautxful*. Sie hat im vergangenen Jahr intensiv an drei Duftkreationen gearbeitet: „Icy Vanilla", „Tastea Peach" und „Cotton Fluff". Mit gerade mal 17 Jahren hat die Dortmunder Schülerin auf jeden Fall Außergewöhnliches geleistet und kann mehr als stolz auf sich sein, eine eigene Kosmetikmarke erfolgreich auf den Markt gebracht zu haben.

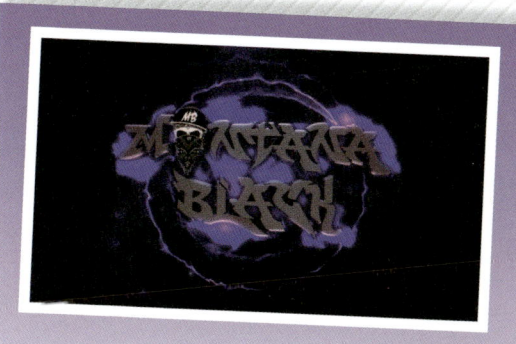

Neben *Julia Beautx* gründete auch der Hamburger Gaming-YouTuber *MontanaBlack* sein eigenes Label und eine Online-Plattform. Auf dieser verkauft er nicht nur die von ihm designte Modekollektion *Get on my LVL*, sondern bietet seinen Fans dort auch exklusive Inhalte und weitere coole Funktionen, wie eine 3-D-Anprobemöglichkeit. *MontanaBlack* hat vom Design bis hin zu der Produktion alles in Eigenregie gemacht, um eine bestmögliche Qualität abzuliefern. Die viele Arbeit hat sich auf jeden Fall gelohnt. Alleine in den ersten 24 Stunden stürmten mehr als 125.000 Zuschauer seinen Online-Shop!

MontanaBlacks Online-Shop

#11 - NOVEMBER

TOPS UND FLOPS IM NOVEMBER
LIKE!

⬆ **YouTube und die GEMA einigen sich endlich!!!**
Nach langem Hin und Her können Nutzer ab sofort in Deutschland via YouTube sämtliche Musikvideos ihrer Lieblingskünstler anschauen.

⬆ **170.585,87 Euro für den guten Zweck!**
So viel konnten *LeFloid*, *Frodo*, die *SPACE FROGS* und Co. mit ihrem Charity-Livestream-Event *Loot für die Welt 3* erzielen. Starke Leistung!

⬆ **Es wird wieder geclasht!**
Nachdem *darkviktorys* Community bereits einige Monate auf die dritte und letzte Staffel von *#TubeClash* hinfieberte, lief die Serie im November endlich an.

⬆ **Läuft bei Julia Beautx und MontanaBlack**
Während *Julia* ihre eigene Kosmetiklinie rausbringt, startet *MontanaBlack* einen Online-Shop mit coolen, selbst designten Produkten. Die Fans freuen sich!

DISLIKE!

- Die „*24 Stunden in ...*" - Videos erregten zwar gewaltige Aufmerksamkeit, sind aber illegale Aktionen. Nicht umsonst erhielten *ApoRed* und *Leon Machère* deshalb eine Anzeige. Vorbildcharakter haben die beiden damit auf jeden Fall nicht gezeigt!

- Mit seinen DAILY VLOGS erlangte *Casey Neistat* weltweite Bekanntheit. Auf der Spitze des Erfolgs entscheidet er sich jedoch zur Enttäuschung seiner Fans dazu, die täglichen Vlogs nicht weiter fortzusetzen. Uncoole Aktion!

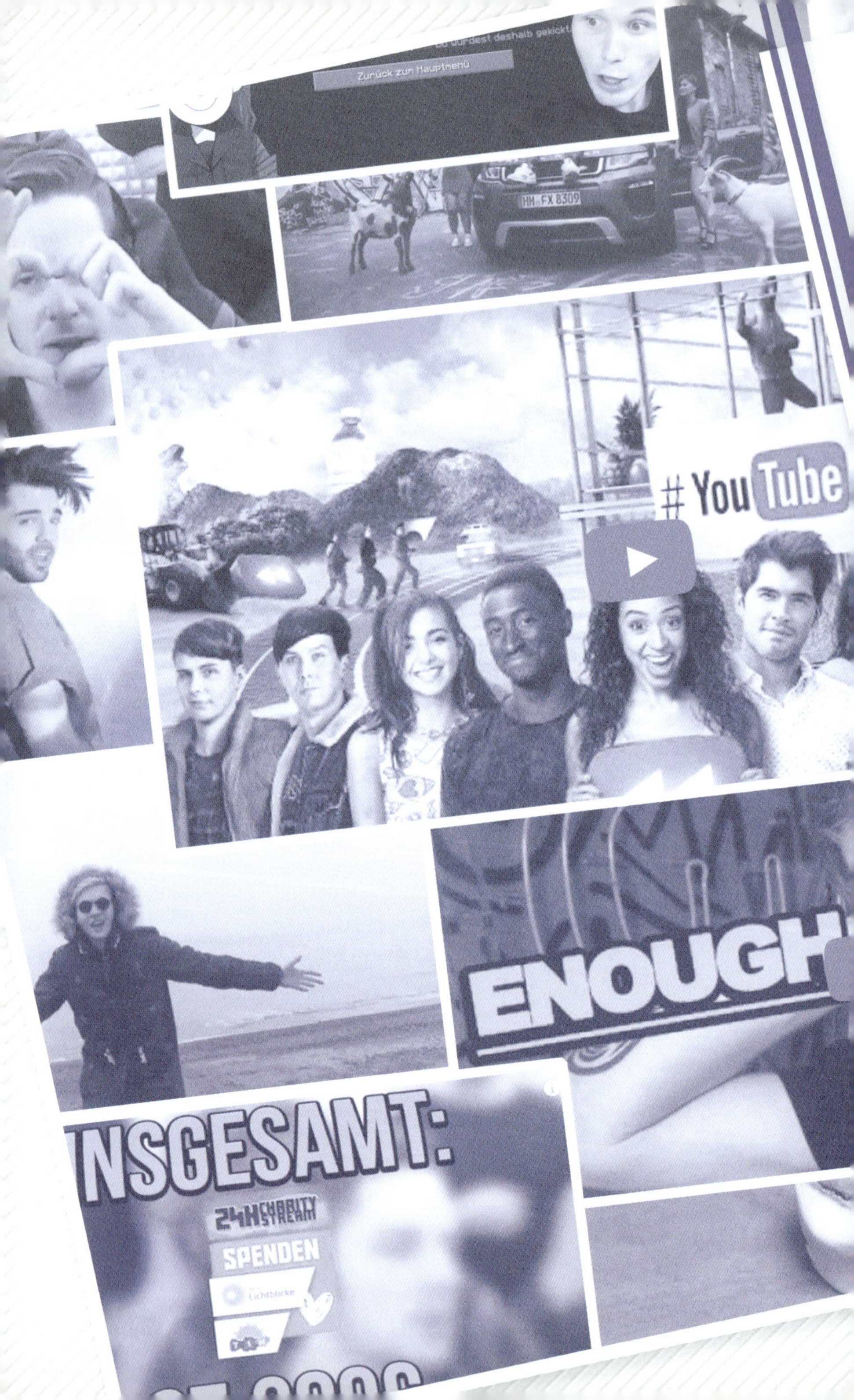
Zurück zum Hauptmenü
HH FX 8309
YouTube
ENOUGH
NSGESAMT:
24H CHARITY STREAM
SPENDEN
Lichtblicke

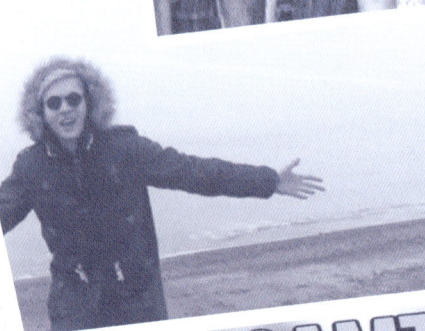

#12 DEZEMBER

Zum Jahresende drehte die YouTube-Welt noch einmal richtig auf und lieferte jede Menge spannende Projekte, Ereignisse und Aktionen. Bereits Anfang Dezember startete für Gaming-Fans ein ganz besonderes Projekt: VARO 4.

#12 - DEZEMBER

START VON VARO 4

Hinter dem Projekt versteckt sich eines der größten und beliebtesten YouTube-Gaming-Events. Bereits zum vierten Mal duellierten sich in **VARO** zahlreiche YouTuber in dem Computerspiel **MINECRAFT**. In Zweierteams kämpften sie, inspiriert von der Buchreihe **HUNGER GAMES**, gegeneinander, mit dem Ziel, der letzte Überlebende zu sein.

Mit dabei in dem von **German-LetsPlay** organisierten Projekt waren erneut zahlreiche bekannte YouTuber wie **Dner**, **rewinside**, **Sturmwaffel**, **VeniCraft** oder **ConCrafter**. Zudem konnten sich auch wieder einige Newcomer einen begehrten Platz ergattern, wie zum Beispiel der YouTuber **Giga**.

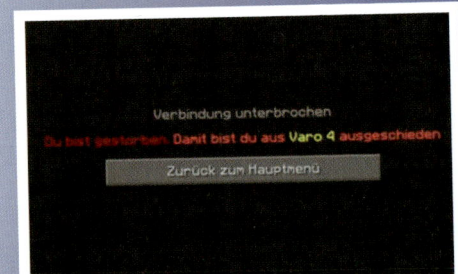

Grievi, der es schaffte, mit gerade einmal 1.400 Abonnenten an dem Projekt teilzunehmen.

Wie schon in den vergangenen Staffeln zog sich auch *VARO 4* über einen Zeitraum von mehr als einem Monat und bot wieder viele aufregende Momente. Insbesondere große Schlachten oder sogenannte Snipe-Versuche, bei denen einige Teams mithilfe eines Hinterhaltes versuchten, die Gegner auszuschalten, sorgten für viel Furore.

Während sich so Tag für Tag die Zahl der Teilnehmer verringerte und immer mehr YouTuber ausschieden, löste *VARO* abermals ein unglaubliches Abonnenten-Wachstum bei den beteiligten Gamern aus. Bis zu 180.000 neue Abos konnten manche Teilnehmer dank *VARO* dazugewinnen. Damit gehört *VARO* definitiv zu den spannendsten und erfolgreichsten Projekten auf YouTube!

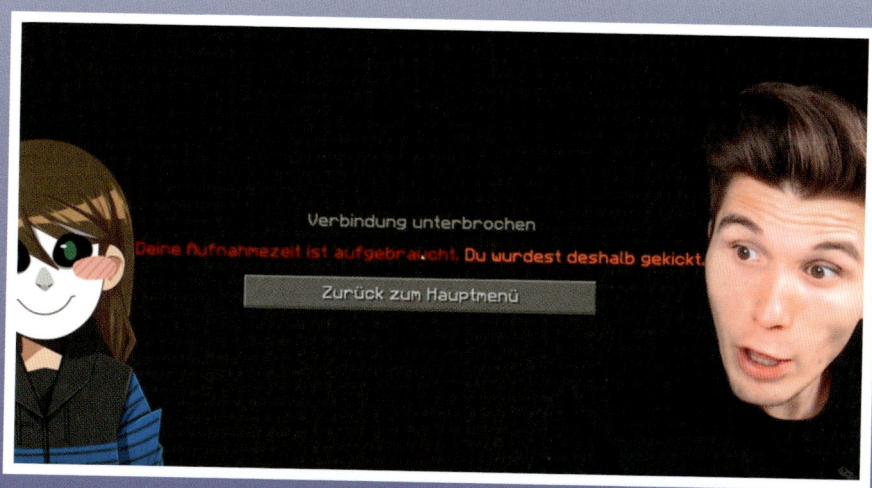

Minecraft: Varo 4

#12 - DEZEMBER

FRIENDLY FIRE 2

Neben VARO erregten im Dezember auch einige Charity-Events große Aufmerksamkeit. Den Start machte Friendly Fire 2. Bereits zum zweiten Mal sammelten die YouTuber Gronkh, PietSmiet, MrMoregame, Pandorya, Der Heider, fisHCOp und PhunkRoyal in einem zwölf Stunden langen Stream möglichst viel Geld für einen guten Zweck. Dafür spielten die YouTuber zahlreiche Video- und Partyspiele, wobei bis zu 90.000 Zuschauer einschalteten. Zusätzlich gab es bei jedem neuen erreichten Spendenziel lustige Bestrafungen für die YouTuber, die vor laufender Kamera vollzogen wurden. Das führte dazu, dass sich die Community gegenseitig motivierte, fleißig zu spenden.

Innerhalb von nur zwölf Stunden kamen somit gut 200.000 Euro an Spenden zusammen. Zudem wurden durch Sponsoren weitere 100.000 Euro eingenommen, sodass insgesamt mehr als 300.000 Euro an die wohltätigen Organisationen Bundesverband Deutsche Tafel e.V., VIER PFOTEN und das Tierheim Herzsprung verteilt wurden. Somit erlangten die YouTuber die bislang höchste erzielte Spendensumme eines deutschen Webvideoprojektes. Respekt!

YOUTUBE REWIND 2016

Auch wenn Gronkh, PietSmiet und Co. mit Friendly Fire 2 auf jeden Fall Bemerkenswertes gelang, dürften sie ein wenig zu spät für YouTubes Jahresrückblick YouTube Rewind gewesen sein. In dem von YouTube aufwendig produzierten Video blickt die Plattform unter dem Motto The Ultimate 2016 Challenge unterhaltsam auf das vergangene YouTube-Jahr zurück. Der Clip ist dabei nicht nur aufgrund der vielen zusammengestellten Highlights von der Mannequin Challenge über den Dab-Move bis hin zu den Olympischen Spielen 2016 ein Must-See, sondern bietet sich auch ideal an, die zahlreichen YouTuber neu zu entdecken, die in dem Video einen kurzen Auftritt haben – denn wo kann man schon mal so viele Creator in einem Video sehen?!

Neben den weltweit bekannten Stars wie PewDiePie, Connor Franta oder Casey Neistat hatten auch die deutschen YouTuber BibisBeautyPalace und Julienco, Dner sowie Dagi Bee einen Gastauftritt. Kein Wunder, dass YouTube Rewind mittlerweile fast 200 Millionen Mal geviewt wurde!

#12 - DEZEMBER

DER ERSTE WEBVIDEOPREIS SCHWEIZ

Die Gewinner 2016

Ebenfalls einen Rückblick auf die besten Videos und Creator des vergangenen Jahres bot der *Webvideopreis Schweiz*. Erstmalig wurde der Webvideopreis außerhalb Deutschlands veranstaltet und ehrte Schweizer Videomacher. Im Rahmen einer großen Gala wurden die Preise in sechs Kategorien vergeben. Zu den Gewinnern gehörten unter anderem *Nickless*, *Freerun Zürich*, *fadeoutTrashTV*, *Dominik Baumann*, *Zekisworld* und *Faithincuteness*. Obwohl die ausgezeichneten Creator hierzulande fast gänzlich unbekannt sind, war der erste Webvideopreis auf jeden Fall ein großer Meilenstein für die Schweizer Szene. Auch dort gibt es mittlerweile schließlich viele aktive Creator, die auf YouTube und Co. ihre Videos veröffentlichen. Man kann also gespannt sein, wie sich die Schweizer Webvideoszene weiterentwickeln wird.

Preisträger in der Kategorie Musik: Nickless

PEWDIEPIE LÖSCHT SEINEN YOUTUBE-KANAL DOCH NICHT!?

Der weltweit meistabonnierte YouTuber *PewDiePie* polarisiert ja gerne mal. So kündigte er im Dezember an, bei 50 Millionen Abonnenten seinen YouTube-Kanal zu löschen. Was zwar bei einigen Fans Unbehagen auslöste, entfaltete schon bald seine volle Wirkung und sorgte dafür, dass *PewDiePies* Abonnenten-Wachstum regelrecht explodierte.

Doch auch wenn er dadurch sehr schnell 50 Millionen Abonnenten erreichte, ließ er seinen Worten nur bedingt Taten folgen. So deaktivierte er nicht seinen Hauptkanal, sondern entfernte stattdessen „nur" seinen Zweitkanal *jacksepticeye2*.

#12 - DEZEMBER

YOUTUBE AM ENDE?

WTF YouTube?

YouTube Videos nicht in der Abobox angezeigt, beim Upload neuer Videos direkt Hunderte Abonnenten gelöscht, Videos wenigen Nutzern vorgeschlagen und stattdessen nur noch Clickbait-Videos promotet haben.

Schwere Vorwürfe, die auch von *Dner*, *Dagi Bee*, *HandOfBlood* und *Melina Sophie* geteilt wurden. Insbesondere *Melina Sophie* zeigte mit ihrem Video „ICH ZIEHE MICH AUS FÜR KLICKS [KEIN CLICKBAIT]", dass da gerade irgendetwas sehr schief läuft. Das Video, in dem sie YouTube kritisiert, konnte nur durch den Titel und ein reißerisches Thumbnail mal eben mehr als zwei Millionen Views gewinnen, während die anderen Videos von *Melina* sonst nur 400.000 bis 500.000 Aufrufe erreichen. Damit ging Melinas Plan, diese Problematik auch ihren Fans zu zeigen, voll auf!

Der Grund, warum *PewDiePie* überhaupt angekündigt hatte, seinen Kanal zu löschen, war eigentlich ein ganz anderer. So kritisierte er YouTube – wie viele weitere Videomacher – für einige seltsame und vor allem für die Creator beunruhigende Änderungen. *PewDiePie* fragte auf seinem Channel: „WTF IS GOING ON WITH YOUTUBE?" und *Kelly MissesVlog* veröffentlichte sogar ein Video mit dem Titel: „MEINE YOUTUBE KARRIERE IST ZU ENDE". Der Grund für diese hitzigen Reaktionen waren zahlreiche Anschuldigungen: So soll

YOUTUBE IGNORIERT KRITIK

Trotz dieses großen Echos blieb eine öffentliche Reaktion seitens YouTube aus. Gegenüber einigen Creatorn soll sich die Plattform aber doch geäußert haben. Hier heißt es jedoch, dass YouTube selbst nichts verändert habe, sondern die jüngsten Entwicklungen an dem Nutzerverhalten lägen. Diese Erklärung bezweifeln wir allerdings, weil die Rückgänge an Views und Abonnenten bei vielen YouTubern innerhalb nur weniger Wochen ganz klar belegt werden können. Somit stellt sich natürlich die Frage, ob es sich bei den Veränderungen um eine gewollte Umstellung des Algorithmus, einen Fehler oder eine Neuerung von YouTube handelt, die geheim bleiben sollte. Was letztendlich auch immer hinter den Entwicklungen steckt, dieser Vorfall war auf jeden Fall ein richtiger Fail von YouTube!

Melina gegen Clickbait-Videos

Kelly: Ende der YouTube-Karriere?

#12 - DEZEMBER

NEUE MUSIK

Vielleicht weil zum Jahresende offensichtlich wurde, dass man sich als YouTuber nicht zu abhängig von der Plattform machen sollte, vielleicht aber auch aus purem Zufall veröffentlichten gleich drei YouTuber im Dezember neue Songs. Erstmalig versuchte sich *Emrah !* musikalisch und stellte seinen zwei Millionen Abonnenten die Single TELL ME THAT YOU LOVE ME mitsamt einem aufwendigen Musikvideo vor. Der Dance-Song kam bei seinen Fans gut an und zeigte, dass *Emrah !* durchaus auch musikalisches Potenzial hat.

Emrah ! war aber nicht der einzige YouTuber, der einen Schritt in die Musikbranche wagte. Neben ihm brachte auch *Leon Machère* seine neue Single MEINE JUNGS & ICH heraus, die einen Vorgeschmack auf sein Album *FAME* lieferte.

Emrahs Video zu *Tell Me That You Love Me*

Leons Video zu *Meine Jungs & Ich*

Der Song erregte zwar große Aufmerksamkeit, erntete jedoch auch viel Hate und Kritik – auf 135.000 positive Bewertungen kamen 75.000 Dislikes! So warfen ihm einige Zuschauer vor, dass er sich mit der Musik nur bereichern wolle, stellten sein musikalisches Talent infrage und kritisierten den angeblich frauenfeindlichen und sexistischen Inhalt des Songs. **Leon Machère** blieb davon jedoch unberührt und ignorierte die Vorwürfe.

Auch **KsFreak** hatte musikalische Ziele und veröffentlichte gleich zwei neue Lieder. Unter dem Pseudonym **Martin** postete er die Spaß-Hymne BIST DU DUMM DEGGAH?!, bevor er seinen Song BUSINESS IS BOOMING rausbrachte. Beide Videos erzielten jeweils Millionen Klicks, auch wenn sich **KsFreak** wie **Leon Machère** einige Kritik an seiner Musik gefallen lassen musste. Auf jeden Fall beweisen diese Songs, dass immer mehr YouTuber sich auch musikalisch ausprobieren wollen und damit durchaus erfolgreich sind.

KsFreak: *Business is Booming*

#12 - DEZEMBER

„GLÜHENDES, 1000 GRAD HEISSES MESSER VS. ..."-VIDEOS

PrankBrosTV zerschneiden eine Kappe

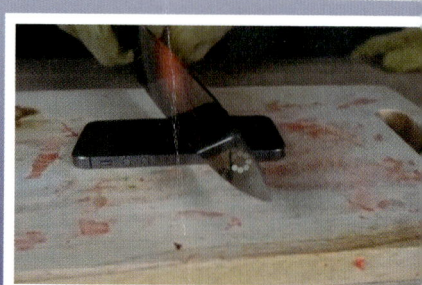

Neben Musik auf YouTube zeichnete sich 2016 ein weiterer Trend ab. So wurden zahlreiche Videoformate und -ideen, die bereits in den USA oder Großbritannien Erfolg hatten, von deutschen YouTubern umgesetzt oder teilweise einfach nur kopiert. Eines dieser Formate, das im Dezember 2016 extrem gefeiert wurde, waren die „Glühendes, 1000 Grad heißes Messer vs. ..."- Videos.

In diesen Videos werden Gegenstände – von Lebensmitteln über Turnschuhe bis hin zu iPhones – mit einem stark erhitzten, glühenden Messer durchschnitten.

Was wie eine total absurde Idee klingt, sorgte für einen regelrechten Hype, bei dem es darum ging, immer krassere Gegenstände „durchzuschneiden", während Millionen zuschauten. Auch hierzulande ließen sich viele YouTuber von dem Format „inspirieren" und veröffentlichten unzählige „Glühendes, 1000 Grad heißes Messer vs. ..."- Videos. Unkreativ, aber erfolgreich!

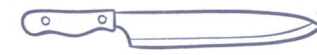

REWINSIDE ERZIELT 27.000 EURO MIT SPENDENSTREAM

Zum Abschluss des Jahres versuchte sich auch *rewinside* darin, für einen guten Zweck Spenden zu sammeln. Anders als bei Events wie *Friendly Fire* oder *Loot für die Welt*, tat er dies mit einem einfachen 24-Stunden-Livestream.

Dieser erfreute sich jedoch sehr großer Beliebtheit und führte dazu, dass es *rewi* mit seiner Community ganz alleine schaffte, stolze 27.000 Euro an Spenden für die wohltätigen Organisationen Aktion Lichtblicke e. V. und Tangeni Shilongo Namibia e. V. zusammenzukriegen. Definitiv eine starke Leistung!

#12 - DEZEMBER

TOPS UND FLOPS IM DEZEMBER

LIKE!

- **Friendly Fire 2**
Nachdem bereits *Loot für die Welt* eine beachtliche Summe für den guten Zweck erlangen konnte, sammelten *Gronkh*, *PietSmiet* und Co. bei *Friendly Fire 2* mehr als 300.000 Euro für wohltätige Organisationen. Zusätzlich erzielte auch *rewinside* mit seinem 24-Stunden-Stream 27.000 Euro für die Charity.

Friendly Fire 2

rewinside

- **Varo 4 begeistert Millionen!**
Das wohl meisterwartete Gaming-Projekt des Jahres überzeugte auch 2016 wieder Millionen Zuschauer, die mitfieberten, wie *GermanLetsPlay*, *Dner*, *ConCrafter*, *unge* und viele mehr in MINECRAFT um Leben und Tod kämpften.

- *Musikalisch* ging es zum Ende des Jahres zu: Sowohl *Emrah* ! als auch *Leon Machère* und *KsFreak* veröffentlichten neue Songs. Der Vorgeschmack auf eine zweite Karriere als Musiker?

Top! Emrahs erste Single

Leons Video zu *Meine Jungs & Ich*

DISLIKE!

Was ist los, YouTube?
Das fragten sich im Dezember viele YouTuber und beschwerten sich lautstark über die Videoplattform. So wurden angeblich Abonnenten gelöscht, Videos nicht richtig angezeigt und stattdessen nur Clickbait-Clips von YouTube gefeatured. Fail!

PewDiePie löscht seinen Kanal doch nicht
Erst kündigte der erfolgreichste YouTuber der Welt an, seinen Channel bei 50 Millionen Abonnenten deaktivieren zu wollen, ließ dann aber seinen Worten keine Taten folgen. Eine miese Masche, nur um Aufmerksamkeit auf sich zu ziehen.

DIE BELIEBTESTEN YOUTUBE-VIDEOS 2016

PLATZ 10: James Corden - Adele Carpool Karaoke

Die *Carpool Karaoke* von US-Comedian *James Corden* mit *Adele* war das angesagteste YouTube-Video 2016 weltweit. Auch in Deutschland fand das Video, in dem die Sängerin *Adele* gemeinsam mit *James Corden* singt, rappt und einige Geheimnisse ausplaudert, jede Menge Fans. Es landet somit auf Platz 10 der beliebtesten YouTube-Videos 2016.

PLATZ 9: DieLochis: „Stitches" - Shawn Mendes (PARODIE)

Auch *DieLochis* schafften es, eines der am meisten beachteten Videos des Jahres 2016 zu produzieren. Mit ihren eigenen Songs erreichten sie auf YouTube Millionen Videoaufrufe. Nur die Parodie des Song STITCHES von *Shawn Mendes* war noch beliebter – mit über 5,5 Millionen Views, 140.000 Likes und mehr als 15.000 Kommentaren.

PLATZ 8: Julienco: Ich PRANKE Bibi: O !! ...

Bibi und *Julian* dürfen natürlich nicht in der Top 10 fehlen. Besonders gern gesehen wurden die zahlreichen Pranks der beiden, wo sie sich beispielsweise gegenseitig erschrecken, mit Gegenständen abwerfen oder sich Bonbons über den Kopf kippen. Die besten Pranks schnitt *Julienco* zu diesem Video zusammen.

PLATZ 7: Made My Day: 5 Unerklärliche Dinge - Die tatsächlich gefilmt wurden!

Das Video von *Made My Day* zeigt mysteriöse Videoausschnitte, in denen zum Beispiel ein Mädchen fliegt oder ein Hotelgeist sein Unwesen treibt. Ob die Aufnahmen wirklich echt oder nur gefakt sind, lässt sich natürlich nicht genau sagen. Auf jeden haben sie für eine enorme Aufmerksamkeit gesorgt, denn das Video wurde mehr als sechs Millionen Mal geklickt!

#DIE BELIEBTESTEN YOUTUBE-VIDEOS 2016

PLATZ 6: BibisBeautyPalace: Ich bin schwanger: O PRANK / Ich pranke Julian ...

Ein weiterer Prank von *Bibi* und *Julian* hat es in die beliebtesten Videos 2016 geschafft. In diesem Video gibt *Bibi* vor, schwanger zu sein. Sie weckt den sichtlich übermüdeten *Julian* mitten in der Nacht auf, um ihn zu pranken ...

PLATZ 5: Julien Bam: PPAP Pen Pineapple Apple Pen in 15 STYLES

2016 war das Jahr für *Julien Bam*!. Eines seiner beliebtesten Videos ist die Parodie auf dem YouTube-Hit PEN PINEAPPLE APPLE PEN. In dieser performt er den Song in 15 verschiedenen Versionen – von *Ed Sheeran* über *Michael Jackson* bis hin zu *ApoRed*. Mehr als 11 Millionen Views kann das Video insgesamt verzeichnen!

PLATZ 4: NEO MAGAZIN ROYALE-Fernsehnothilfe: Schwiegertochter gesucht #Verafake

Mit *#Verafake* erregte der Comedian *Jan Böhmermann* große Aufmerksamkeit. So legte er mit seinem Team die Fernsehsendung SCHWIEGERTOCHTER GESUCHT rein und schleuste einen gefakten Kandidaten in die TV-Show ein. Ein Skandal, der auch auf YouTube ein echter Hit war.

PLATZ 3: extra 3: Erdowie, Erdowo, Erdogan

Mit ihrem Lied ERDOWIE, ERDOWO, ERDOGAN gelang der Satire-Sendung extra 3 im Netz ein richtiger Erfolg. Der Song kritisierte unterhaltsam und mit einer guten Prise Satire die Ereignisse in der Türkei und deren Ministerpräsidenten Erdogan. Damit traf extra 3 den Nerv der Zeit und erreichte mehr als 10 Millionen Aufrufe.

PLATZ 2: Julien Bam: MUSIKVIDEO feat. LENA MEYER LANDRUT (HeyJu-Special)

Gemeinsam mit der Sängerin Lena Meyer-Landrut beantwortet Julien Bam in einem HEYJU-Spezial rappend die Fragen seiner Community.
Das Ergebnis kann sich auf jeden Fall sehen lassen: über 11 Millionen Views sowie 375 000 Likes.

PLATZ 1: Julien Bam: Everyday Saturday (Parodie)

Auch Platz 1 der beliebtesten Videos 2016 geht an Julien Bam! Seine Parodie des Songs EVERYDAY SATURDAY von ApoRed sorgte für große Diskussionen und wurde von seinen Fans gefeiert sowie von zahlreichen YouTubern geteilt. Dadurch konnte das aufwendig produzierte Video mehr als 16 Millionen Aufrufe erreichen – ganz klar Platz 1!

-YES!-

#01
JANUAR

Wow, war das Webvideojahr 2016 nicht der Knaller?! Aber auch 2017 startete nicht weniger aufregend. So entfernten ApeCrime kurzerhand sämtliche Videos von ihren YouTube-Kanälen und platzierten in den Kanalbildern ein nichtssagendes schwarzes Foto. Dies sorgte für viele Diskussionen unter den Fans und sogar Gerüchte, dass Cengiz gestorben sei, machten die Runde. Nachdem die Apes ihre Fans damit ordentlich auf die Folter gespannt hatten, verrieten sie schließlich das Geheimnis ...

#01 - JANUAR

APECRIME VERÖFFENTLICHEN NEUE SINGLE

So veröffentlichen sie aus dem Nichts ihre neue Single ZOMBIE mit einem bombastischen Musikvideo. Doch auch wenn das Ganze nur eine PR-Aktion war, kündigten Andre, Cengiz und Jan im gleichen Atemzug an, sich in Zukunft verstärkt auf die Musik konzentrieren und vorerst nicht länger YouTube-Videos produzieren zu wollen.

Dabei distanzierten sie sich sogar von ihren eigenen Inhalten und sagten, dass sie viele ihrer Videos heute albern und nicht mehr altersgemäß finden. Die Reaktionen der Fans darauf waren gemischt und manche machten ihrer Enttäuschung Luft.

KRITIK NACH PLÖTZLICHEM WANDEL

Bereits nach wenigen Tagen ruderten die *Apes* deshalb zurück, stellten wieder all ihre Videos zurück auf YouTube und erklärten, dass sie erst durch die Reaktion ihrer Community erkannt hätten, wie viele Leute überhaupt ihre Videos feierten.

Aber *Andre*, *Cengiz* und *Jan* posteten nicht nur alte Videos, sie machten auch genauso weiter wie zuvor und veröffentlichten neue alberne Videos, von denen sie eigentlich zuvor Abstand genommen hatten. Dies sorgte verständlicherweise bei vielen Fans für Verärgerung, da sie sich ein wenig veräppelt fühlten und die *Apes* ihrer Ansicht nach damit nur gezeigt hätten, dass ihre Worte nichts weiter als heiße Luft sind.

-758.854.728
-384.194.193

#01 - JANUAR

GRONKH KRITISIERT EIGENE FIRMA

PlayNationTV

Nicht nur *ApeCrime* entfachte zum Jahresbeginn eine heiße Debatte und erhielt dafür unzufriedene Fans. Auch das YouTube-Urgestein *Gronkh* zeigte sich Anfang 2017 sichtlich verärgert. Nachdem *BibisBeautyPalace* den Let's Player bei den Abonnentenzahlen überholte, berichtete das Online-Magazin PLAYNATION zum Ärger von *Gronkh* darüber. Nicht nur dass das Magazin hierbei stark auf Clickbait setzte, eigentlich ist *Gronkh* sogar der Besitzer und Gründer von PLAYNATION. *Gronkh* kritisierte PLAYNATION öffentlich via Facebook und stieß so zahlreiche Diskussionen an. Während viele seiner Fans ihn dabei unterstützten und einen Shitstorm auf PLAYNATION auslösten, sprangen einige YouTuber auch dem Magazin zur Seite und verurteilten wiederum, dass *Gronkh* sich in der Öffentlichkeit beschwert und dies nicht intern geklärt hatte.

ÜBERRASCHUNG FÜR DIE MARMELADEN-OMA

MarmeladenOma Helga Sofie Josefa

Nach dem ganzen Ärger um PLAY-NATION lieferte Gronkh, aber bereits wenige Tage später positive Schlagzeilen. Während seines regelmäßigen Twitch-Streams schaute er bei der sogenannten MarmeladenOma vorbei und schickte seine Tausenden Zuschauer zu ihr. Bei der MarmeladenOma handelt es sich nicht um eine gewöhnliche Livestreamerin, sondern um eine 85-jährige, ganz normale Oma, die lediglich auf Twitch regelmäßig Märchen vorliest.

Doch während ihr normalerweise eine überschaubare Zahl von Zuschauern zusehen, wurde sie nun von Gronkhs Abonnenten geradezu überrannt. Die Überraschung war damit perfekt und sorgte dafür, dass ihr Stream sogar zusammenbrach. Im Anschluss bedankte sich die MarmeladenOma bei Gronkh und seinen Fans per Video, das ebenfalls eine enorme Aufmerksamkeit erregte und bis heute mehr als eine Million Mal geviewt wurde. Eine wunderschöne Geschichte, wie sie nur in der Webvideowelt passieren kann.

#01 - JANUAR

MRTRASHPACK GOES RADIO

Interview mit Lisa Sophie (ItsColeslaw)

Während die *MarmeladenOma* trotz stolzem Alter nun die Webvideoszene rockt, zog es einen anderen Videomacher von YouTube zum Radio. Die Rede ist natürlich von *MrTrashpack*, der bereits mit seiner Show *WuzzUp!?* auf seinem Channel regelmäßig über Neuigkeiten aus der YouTube-Welt berichtet. Dies soll er nun auch via Radio ENERGY machen, wo er einmal wöchentlich in der ENERGY YOUTUBE-SHOW YouTuber wie *KsFreak* oder *ItsColeslaw* interviewt und mit ihnen über die Webvideowelt redet.

Doch *MrTrashpack* war nicht der einzige YouTuber, der den Sprung in ein neues Medium wagte. Eine andere bekannte YouTuberin war ab Januar im Fernsehen zu sehen ...

DSDS MIT SHIRIN DAVID GEHT LOS

So startete am 4. Januar endlich *DEUTSCHLAND SUCHT DEN SUPERSTAR* mit *Shirin David*. Als Jurorin bewertete sie dort die Kandidaten und sorgte natürlich gleich fleißig für zahlreiche Schlagzeilen. Mit ihren wechselnden Looks und den verschiedensten Perücken gab es im Netz schnell große Diskussionen um die jüngste *DSDS*-Jurorin aller Zeiten. *Shirin* selbst geht jedoch mit der Situation sehr entspannt um. Kein Wunder, stehen ihre *Shirizzles* trotzdem treu hinter ihr.

#01 - JANUAR

SCHLEICHWERBE-VORWÜRFE GEGEN LISA AND LENA

Normalerweise stehen die Fans auch loyal hinter den musical.ly- und Instagram-Stars Lisa and Lena. Im Januar erntete jedoch ein Musical ordentlich Kritik. Der Vorwurf: Schleichwerbung. So tanzten die beiden 14-jährigen Zwillinge in dem kurzen Video mit zwei Pepsi-Dosen in der Hand. Soweit erst mal nicht ungewöhnlich, doch das Musical wurde nicht als Werbung gekennzeichnet. Daraufhin gab es jede Menge Kommentare, in denen die Fans von Lisa and Lena etwa schrieben:

„ICH FIND DAS SO KRASS, DIE BEIDEN VERDIENEN EH SCHON SO VIEL. DANN SOLLEN SIE WENIGSTENS WERBUNG ALS WERBUNG KENNZEICHNEN. SCHLEICHWERBUNG IST VERBOTEN. DAS KANN RICHTIG ÄRGER GEBEN." Lisa and Lena äußerten sich bislang nicht zu den Anschuldigungen, sodass weiterhin unklar ist, inwiefern die Aktion nun bewusst Schleichwerbung war oder nicht.

TWITTER STELLT VINE EIN

Vine-Star: Logan Paul

Vine war lange Zeit der Geheimtipp unter den Videoplattformen. Besonders beliebt waren vor allem die vielen kreativen, sechs Sekunden langen Videos. Obwohl Vine in Deutschland lange Zeit unentdeckt blieb, brachte der Dienst den einen oder anderen Webvideostar wie den US-Creator Logan Paul oder King Bach hervor. Trotz Millionen Nutzern reichte das aber anscheinend nicht aus, denn Mutterplattform Twitter stellte Vine im Januar 2017 schließlich ein.

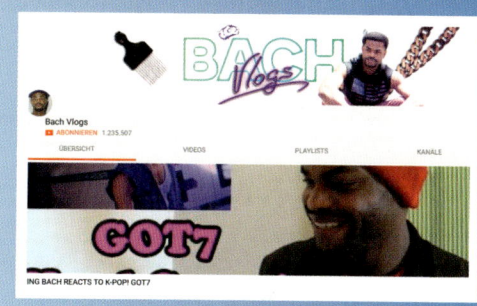

Viner King Bach nun auf YouTube unterwegs

Immerhin lebt die Kernfunktion von Vine, die kurzen Sechs-Sekunden-Videos, auf Twitter weiter.

#01 - JANUAR

EINE NEUE PREISVERLEIHUNG

Die Gewinner

Kleine Webvideomacher bleiben häufig unter dem Radar und haben es schwer, sich durchzusetzen. Kein Wunder, werden doch jeden Tag Tausende neue Videos auf YouTube veröffentlicht. Um den „kleinen Creatorn" trotzdem eine Bühne zu geben, wurde im Januar 2017 in Essen erstmalig der *Youlius Award* verliehen.

Mit dem Ziel, qualitative Inhalte auf YouTube stärker hervorzuheben und die Entdeckung neuer Kanäle zu vereinfachen, wurden in Kategorien wie Reisen & Events, Musik oder Comedy insgesamt zehn Creator mit unter 1.000 Abonnenten ausgezeichnet. Diese bekamen neben der Aufmerksamkeit auch finanzielle Unterstützung. Damit ging der *Youlius Award* mit gutem Beispiel voran, da kleine Videomacher immer noch viel zu wenig gefördert und unterstützt werden.

MEET & PLAY

Alles andere als kleine Creator waren hingegen bei *Meet & Play* vor Ort. Schließlich war das Event auch in erster Linie als Fantreffen angedacht. Hier konnten YouTube-Fans zahlreiche bekannte YouTuber wie *rewinside*, *Joyce Ilg*, *Sarazar* oder *inscope21* treffen. Neben Autogrammen und Selfies gab es ein spannendes Rahmenprogramm. So fanden mehrere Gaming-Turniere statt, in denen die YouTuber sich gegenseitig duellierten und unter anderem den Vorentscheid für die WM des Tanz-Videospiels JUST DANCE austrugen. Das Finale war eine große Bühnenshow, wo *Emrah !* erstmals seinen Song TELL ME THAT YOU LOVE ME live performte.

Emrahs großer Auftritt

#01 - JANUAR

ARDYS YOUTUBE-COMEBACK

Ardys neuer Channel dyzzymon

Nachdem *Meet & Play* für Gaming-Fans bereits jede Menge Highlights bot, durften sich zum Monatsende außerdem Fans von *Ardy* und *Taddl* freuen. Nach fast zweijähriger YouTube-Pause entschloss sich auch *Ardy*, wieder auf YouTube aktiv zu werden – jedoch nicht auf seinem alten Kanal. Stattdessen gründete er den neuen Channel *dyzzymon*, wo er von nun an POKÉMON-Videos veröffentlicht.

Auch wenn er damit nach langer Zeit wieder auf YouTube präsent ist, möchte er dort nicht noch mal so richtig groß werden. Eigentlich will er nur seine Leidenschaft für POKÉMON ausleben und hat den Channel gestartet, um mit Leuten zu connecten, die sich für dieselben Themen interessieren. Die Fans freut es trotzdem, gibt es nach zwei Jahren endlich wieder abseits der *DAT ADAM*-Musik Videos von und mit *Ardy*.

DAVID HAIN UND HANDOFBLOOD FÜR MEHR RESPEKT IM INTERNET

Hate und Beleidigungen sind im Internet leider immer noch gang und gäbe. Besonders auf YouTube, Twitter oder Facebook hagelt es immer wieder fiese Kommentare. BeHaind und HandOfBlood sagen deshalb ganz klar: „WIR SIND KEINE HURENS*HNE!" Mit ihrem gleichnamigen Video setzen sie sich für mehr Respekt im Netz ein und zeigen, was Hasskommentare mit einem machen können und warum diese einfach nur unnötig sind. „ICH HABE TATSÄCHLICH EINE PHASE GEHABT, WO ICH ÜBERLEGT HABE, MIT TWITTER ODER YOUTUBE AUFZUHÖREN", erklärt David Hain hierzu.

David Hain, HandOfBlood und viele weitere YouTuber müssen sich ziemlich viel gefallen lassen. Beschimpfungen sind dabei noch das Harmloseste. Aus diesem Grund fordern David Hain und HandOfBlood ihre Fans auf, sich gegenseitig mehr zu respektieren und menschlicher zu sein. Eine sehr lobenswerte Aktion der beiden YouTuber, mit der sie auf jeden Fall als gutes Beispiel dienen und wichtige Impulse für ein besseres Miteinander geben.

„Wir sind keine Hurens*hne!"

#01 - JANUAR

MarmeladenOma

TOPS UND FLOPS IM JANUAR

LIKE!

Gronkh überrascht MarmeladenOma
Während seines Twitch-Livestreams schickt Gronkh seine Community zum Stream der MarmeladenOma. Diese liest via Twitch Märchen vor und kann es gar nicht fassen, als ihr auf einmal Tausende zuschauen. Starke Aktion!

Von YouTube ins Radio
MrTrashpack hat nun eine eigene Radioshow, die deutschlandweit ausgestrahlt wird. Natürlich geht es auch hierbei um YouTube!

Shirin David polarisiert bei DSDS
Mit ihren Auftritten bei DEUTSCHLAND SUCHT DEN SUPERSTAR sorgt Shirin David regelmäßig für hitzige Diskussionen. Trotz viel Kritik halten ihre Shirizzles zu ihr und unterstützen sie, wo sie können. Das nennt man Community!

MrTrashpacks Interview mit Gronkh

DISLIKE!

ApeCrime enttäuscht viele Fans

Erst löschen die Apes sämtliche Videos ihrer Kanäle, dann veröffentlichen sie ihre Single ZOMBIE und geben bekannt, dass sie Abstand von YouTube wollen, und machen daraufhin doch weiter wie zuvor. Ein sehr merkwürdiger Move, der viele Fans verärgerte.

Kritik an Lisa and Lena

Mit Schleichwerbe-Vorwürfen müssen sich die beiden musical.ly- und Instagram-Stars Lisa and Lena im Januar auseinandersetzen. Sie schweigen und lassen ihre Fans im Unklaren – die sind natürlich verärgert.

#02 FEBRUAR

Drunter und drüber auf YouTube ging es im Februar. Während *Twin.TV*, *Sascha* und *Paola*, *ApeCrime* und *Leon Machère* für regelrechte Freudensprünge bei ihren Fans sorgten, machten einige andere Creator vor allem Negativschlagzeilen. Manche Aktionen gingen sogar so weit, dass nicht nur ein YouTuber aus seinem Netzwerk geworfen wurde. Aber zunächst startete der Februar mit einer Neuerung, durch die Webstars nun auch offline Spuren hinterlassen!

#02 - FEBRUAR

YOUTUBER AUF STICKERN

Dass Creator auch offline überzeugen können, bewiesen bereits viele YouTuber in der Musik-, Fernseh- oder Entertainment-Branche. Gleich 201 Webvideo-Stars von YouTube, Instagram oder musical.ly zog es im Februar in die Printmedien. Erstmalig erschien das WEBSTARS 2017-Stickeralbum von Panini, in dem Fans Bilder ihrer Stars sammeln und aufkleben können. Auch wenn einige der bekanntesten YouTuber ihr Gesicht nicht auf Stickern abdrucken lassen wollten, sind zahlreiche beliebte Webvideo-Stars von MrTrashpack oder den freekickerz über xLaeta und DieLochis bis hin zu Simon Desue und Katja Krasavice mit dabei. Der perfekte Spaß für alle Freunde von YouTube und Stickeralben!

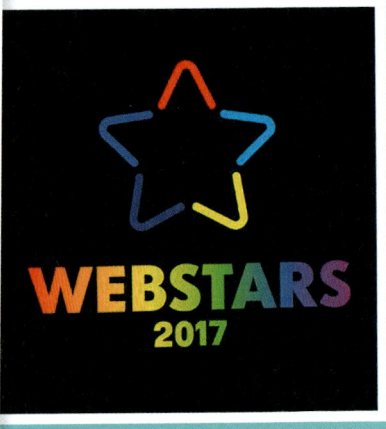

ES FUNK(T) NOCH NICHT RICHTIG

Großer funk-Erfolg: Kliemannsland

Mit seinem Start im Oktober 2016 wollte *funk* als Teil der öffentlich-rechtlichen Rundfunksender die Webvideo-Welt ordentlich aufmischen. Gelungen ist dies in den ersten Monaten jedoch nur teilweise.

Während Formate wie *GameTwo*, *Kliemannsland* oder *Wishlist* sich großer Beliebtheit erfreuen, gibt es auch einige Formate, die gehörig gefloppt sind. Beispielsweise *Auf Klo*, *Tourettikette* oder *INFORMR* konnten nur wenige Tausend Zuschauer erreichen. Leider zu wenig, sind die Formate doch aufwendig und teuer produziert wurden.

Leider gefloppt: Auf Klo

#02 - FEBRUAR

NEUE FUNK-FORMATE

World Wide Wohnzimmer mit Benni und Dennis

Aber *funk* reagierte prompt und startete im Februar gleich zwei neue fancy Formate. *Benni* und *Dennis* von *Twin.TV* sind mit ihrer Show *World Wide Wohnzimmer* nun Teil von *funk*.

Für die Jungs hat sich der Wechsel auf jeden Fall gelohnt. Mussten die beiden ihre Show zuvor noch in einem kleinen Studio produzieren, können sie nun endlich ihren Traum erfüllen:

„FUNK GIBT UNS ALS CONTENT-CREATOR DIE MÖGLICHKEIT, VOLLZEIT AN UNSERER SHOW World Wide Wohnzimmer ZU ARBEITEN. DAMIT GIBT ES FÜR UNS NUN VIEL MEHR MÖGLICHKEITEN, OHNE AUF PRODUCT PLACEMENTS ANGEWIESEN ZU SEIN, UND WIR KÖNNEN ENDLICH UNSEREN TRAUM LEBEN."

Neben Twin.TV gibt es von funk außerdem die neue Sketch-Comedy-Show #OMG mit zwei Urgesteinen der deutschen Webvideoszene: Phil und TC von Y-Titty. Gemeinsam mit JokaH Tululu, Pesh von Digges Ding, Sarah Liz sowie den Comedy-Newcomern Jacqueline Feldmann, Lena Liebkind und Constanze Behrends zeigen sie witzige Alltagssituationen, kuriose Gespräche und allerlei lustige Sketche für die Generation Internet.

#02 - FEBRUAR

DIE YOUTUBE-TRAUMHOCHZEIT DES JAHRES

Während die Communitys von **World Wide Wohnzimmer** und **#OMG** nun regelmäßig mit einer Portion Humor versorgt werden, waren auch die Follower von **Sascha Koslowski** und **Paola Maria** ganz aus dem Häuschen. Wie das YouTube-Traumpärchen per Instagram verkündete, haben die beiden heimlich geheiratet.

Die Hochzeit fand in Las Vegas statt, wo sich die YouTuber ganz romantisch im kleinen Kreis das Jawort gaben. Ab sofort können sich die beiden also **Mr** und **Mrs Koslowski** nennen. Die Fans freuen sich mit ihnen.

Mr und Mrs K

114

APECRIME UND LEON MACHÈRE ROCKEN YOUTUBE

ApeCrimes Video zu „Stolz"

In der Vorbereitung auf ihre Alben überraschten sowohl Leon Machère als auch ApeCrime mit neuen Songs im Februar. Beide Channels ließen sich nicht lumpen und präsentierten ihre Musik im großen Stil. Leon Machère veröffentlichte seinen neuen Hit KING OF PRANK mit einem aufwendigen Musikvideo und auch ApeCrime zeigen in STOLZ, dass sie es musikalisch und filmisch draufhaben! Damit gewannen Leon Machère und ApeCrime mal wieder jede Menge Aufmerksamkeit und machen Lust auf mehr.

Leons neue Single „King of Prank"

#02 - FEBRUAR

BEI PEWDIEPIE GEHT'S BERGAB

Ebenfalls viel Aufsehen erregte PewDiePie – jedoch im negativen Sinne. Nachdem er bereits in den Monaten zuvor mit seinen Videos die Gemüter spaltete, brachte er im Februar das Fass zum Überlaufen. So drehte er ein Video, in dem zwei Jungs sich vor der Kamera zum Affen machten, indem sie tanzend ein Schild mit dem Aufdruck „Tod allen Juden" in die Kamera hielten. Was laut PewDiePie nur ein Experiment gewesen sein soll, um zu testen, was Menschen alles für Geld tun, kam bei seinen Zuschauern jedoch ganz anders an.

Schnell wurden Antisemitismus-Vorwürfe gegen ihn erhoben und zahlreiche Medien berichteten über die Aktion des weltweit meistabonnierten YouTubers. Der Schwede geriet in Bedrängnis und entschuldigte sich zwar,

PewDiePie rechtfertigt sich im Video „My Response"

musste aber dennoch verheerende Konsequenzen hinnehmen. So kündigte Maker Studios, sein Netzwerk und Management, seinen Vertrag mit sofortiger Wirkung. Und YouTube warf PewDiePie aus dem Werbeprogramm GOOGLE PREFERRED, mit dem die Top-YouTuber besonders gut vermarktet werden. Dieser Vorfall bewies mal wieder, welche Folgen es haben kann, wenn Grenzen überschritten werden. Fail!

YOUTUBE LÖSCHT ABONNENTEN

Doch nicht nur PewDiePie machte negative Schlagzeilen. Auch YouTube selbst erntete mal wieder ordentlich Spott. Zahlreiche YouTuber verloren im Februar innerhalb weniger Stunden Tausende Abonnenten – ohne erkennbaren Grund! Zum Glück handelte es sich dabei nur um einen ärgerlichen Fehler, der gleich behoben wurde, sodass die YouTuber schnell wieder aufatmen konnten. Aber wer würde schließlich nicht in Panik geraten, wenn auf einmal so viele Follower gelöscht werden?

Als „Entschuldigung" überraschte YouTube aber auch mit guten Neuigkeiten! In Zukunft wird es weniger langweilige Werbung auf der Videoplattform geben. So verkündete YouTube die Abschaffung der 30-sekündigen Werbespots. Damit hört YouTube auf seine Zuschauer, die – verständlicherweise – genervt von langer Werbung sind.

#02 - FEBRUAR

MERT ERNTET SHITSTORM

Zum Monatsende gab es noch mal einen richtigen Aufschrei in YouTube-Deutschland. Die Rede ist natürlich vom YouTuber und Rapper *Mert Eksi*, der mit einem Statement-Video für hitzige Diskussionen sorgte. Wie er in dem Video, das nun nicht mehr online steht, ausführlich erklärte, akzeptiere er es nicht, dass Männer Männer und Frauen Frauen lieben dürfen: *„Ich toleriere Schwule einfach nicht. Ich akzeptiere das nicht. Ich bin gegen Schwule. Akzeptiert das!"*

Mit diesen homophoben Aussagen übertrat der YouTuber nicht nur eine rote Linie, sondern teilte seine Ansichten auch noch ungeschützt seinen überwiegend jungen Zuschauern mit.

Mert rechtfertigt sich im Interview mit TV Strassensound

Zahlreiche YouTuber reagierten darauf und stellten klar, dass sie Merts Ansichten falsch finden. Vor allem Shirin David, die vorher sogar noch zusammen mit ihm Videos gedreht hatte, distanzierte sich von Mert.

Jedoch sorgte die gesamte Aktion nicht nur auf YouTube für ordentlichen Trubel. Auch geschäftlich hatte Merts Statement Konsequenzen. So kündigte sein Netzwerk und

NiksDa flog für seinen „Mert Diss" in die Türkei

Einige YouTuber verurteilten Merts Einstellungen auch vor der Kamera. Der YouTuber NiksDa flog für ein Video sogar extra in die Türkei, das Heimatland von Mert, um dort mit der lokalen LGBT-Community zu sprechen, dieser eine Stimme zu geben und zu zeigen, welchen Schaden solche feindseligen Aussagen anrichten können.

Management Divimove fristlos die Zusammenarbeit, weil sie diese Respektlosigkeit und Intoleranz nicht akzeptieren. Doch trotz des enormen Gegenwindes gab sich Mert wenig einsichtig und verteidigte sogar noch seinen Standpunkt. Echt traurig …

#02 - FEBRUAR

TOPS UND FLOPS IM FEBRUAR

LIKE!

⬆ **YouTuber zum Sammeln**
Ein Panini-Heft voll mit den beliebtesten YouTubern, Instagramern und Musern?! Jetzt können fleißig Sticker getauscht werden!

⬆ **Sascha und Paola Maria haben geheiratet!**
Das YouTube-Traumpaar *Sascha Koslowski* und *Paola Maria* hat sich getraut. Im kleinen Kreis heirateten *Mr* und *Mrs Koslowski*. Wie romantisch!

DISLIKE!

⬇ **Nerviger Abo-Glitch von YouTube**
YouTube löscht einfach mal eben Tausende Abonnenten zahlreicher YouTuber und stellt den Fehler erst später klar. Das geht besser!

⬇ **Das ging zu weit!**
PewDiePie überschreitet erneut Grenzen und sorgt mit antisemitischen Aussagen für hitzige Diskussionen. Nicht ohne Grund hagelt es von seinen Fans Kritik und Hate!

⬇ **Null Toleranz für Mert**
Mert hetzt gegen Schwule und wird dafür aus seinem Netzwerk Divimove rausgeworfen – zu Recht, denn Homophobie hat auf YouTube nichts zu suchen!

Gegen Homophobie in NiksDas Video

#03

MÄRZ

Pünktlich zum Frühlingsbeginn erwachte im März auch die YouTube-Welt aus dem Winterschlaf. Mit den Nominierungen für den *Webvideopreis*, der Verleihung der *Kids' Choice Awards* und der Diskussion um die Rundfunklizenz für Streamer gab es jede Menge Gesprächsstoff. Doch auch, wenn in diesem Monat nicht jeder YouTuber positiv von sich reden machte, können wir auf jeden Fall sagen: Der März hat gerockt!

#03 - MÄRZ

DIE NOMINIERTEN FÜR DEN WEBVIDEOPREIS 2017

Los ging es mit der Bekanntgabe der Nominierten für den *Webvideopreis Deutschland 2017*. In erstmalig 25 Kategorien wurden jeweils drei Webvideos oder Creator nominiert. Ganz neu dabei waren unter anderem Kategorien wie „Community", „Opinion" oder „Social Influencer Campaign".

Nominiert in der neuen Kategorie Community: MrTrashpack

Während die Namen der Kategorien sehr innovativ und spannend klingen, sorgten die jeweiligen Nominierten jedoch nicht für Freudensprünge bei vielen *Webvideopreis*-Fans ...

Die Vorbereitungen für den WVP 17 laufen

SHITSTORM GEGEN DEN WEBVIDEOPREIS

BeHaind und HandOfBlood sagen „Schämt euch!"

So waren nicht nur klassische YouTuber, wie in den Jahren zuvor, für den #WVP17 vorgeschlagen, sondern auch viele Stars wie *Heidi Klum*, *Carolin Kebekus* oder *Lisa and Lena*, die eigentlich nicht direkt etwas mit der YouTube-Welt zu tun haben. Viele Webvideo-Creator machten ihrem Ärger darüber öffentlich Luft.

Allen voran *David Hain* und *HandOfBlood*, die sogar selbst zu den Nominierten zählten, zeigten sich enttäuscht und wetterten per Video gegen den *Webvideopreis*. Sie erklärten, dass sie mit den aktuellen Entwicklungen nicht zufrieden seien und nicht gemeinsam mit Prominenten wie *BibisBeautyPalace* oder *Lisa and Lena* nominiert sein wollen.

Das Video der beiden Freunde erregte große Aufmerksamkeit und rief auch Reaktionen hervor, die eindeutig zu weit gingen. Neben konstruktiver Kritik mussten sich die *Webvideopreis*-Macher sogar Morddrohungen gefallen lassen. Das ging selbst für *David Hain* und *HandOfBlood* zu weit, die sich daraufhin von diesem Verhalten distanzierten und ihre Community aufforderten, sachlich zu diskutieren. So wurde die Debatte zumindest ein wenig eingedämmt.

#03 - MÄRZ

BEEF BEI DEN KIDS' CHOICE AWARDS

Doch nicht nur im Vorfeld des *Webvideopreises* gab es hitzige Diskussionen. Auch die Verleihung der *Kids' Choice Awards* blieb nicht ohne Beef. Nominiert waren bei der Preisverleihung in der Kategorie „Lieblings-Vlogger: Deutschland, Österreich, Schweiz" die vier YouTuber *DominoKati*, *Dagi Bee*, *DieLochis* und *Julien Bam*. Alle vier Nominierten riefen ihre Community im Vorfeld auf, fleißig für sie zu voten. Bei den *KCAs*, wie die Preisverleihung liebevoll von Fans genannt wird, erhielten schließlich *DieLochis* die meisten Stimmen und bekamen in Los Angeles den Preis mit – wie es Tradition ist – einer Dusche aus grünem Schleim überreicht.

Schleimdusche für Roman und Heiko

Zoff mit Dagi Bee

Auf dem roten Teppich: DieLochis

Während die Fans der *Lochis* sich über den Gewinn der *KCAs* freuten, war eine andere Nominierte nicht gerade happy darüber. *Dagi Bee* schrieb auf Twitter: „WIR HABEN EINEN ANONYMEN HINWEIS AUS SICHERER ECKE BEKOMMEN, DASS DA GEWALTIG GEPFUSCHT WURDE. ES WÄRE NUR SCHÖNER GEWESEN, EIN EHRLICHER VERLIERER ZU SEIN, OHNE DAS GEWISSEN, DASS DA WAS FAUL IST." Das kam bei den *Lochis* gar nicht gut an, die nur twitterten: „VERLIEREN TUT WEH, HAU GERNE AUF UNS RUM, ABER WENN DU UNSERE COMMUNITY BELEIDIGST, WIRD ES SCHWIERIG!"

Trotz all des Beefs scheinen sich *DieLochis* und *Dagi* wieder versöhnt zu haben, denn die YouTuberin löschte nur wenig später ihren Tweet und gratulierte stattdessen den *Lochis*. Warum nicht gleich so?!

#03 - MÄRZ

AUFREGUNG UM DEN EINGESCHRÄNKTEN MODUS AUF YOUTUBE

Neben dem Beef rund um die KCAs wurde es auf Twitter alles andere als langweilig. Eine ganze Riege an YouTubern beklagte sich dort unter dem Hashtag #YouTubePartyIsOver über die jüngsten Änderungen der Plattform. So waren im eingeschränkten Modus, der nicht jugendfreie Inhalte verbirgt, auf einmal keine LGBT-Themen mehr zu finden. Teilweise wurden sogar Videos nicht angezeigt, in denen LGBT-Creator nur über ihre eigenen Erfahrungen berichteten. Schnell hegten zahlreiche YouTuber deshalb den Verdacht, die Plattform wolle solchen Content ganz bewusst zensieren.

YouTube reagierte jedoch schnell und kündigte via Twitter an, der Sache auf den Grund zu gehen. Und in der Tat: Bereits nach wenigen Tagen gab YouTube zu, dass bei dem Filter des eingeschränkten Modus ein Fehler aufgetreten war. Innerhalb kürzester Zeit wurde der eingeschränkte Modus geändert, sodass nun auch wieder LGBT-Inhalte sichtbar sind.

RUNDFUNKLIZENZ FÜR STREAMER?

 An anderer Front war das Ergebnis weniger erfreulich. Denn die Jungs von PietSmiet hatten im März große Probleme. Wie die ZAK, die Kommission für Zulassung und Aufsicht der Landesmedienanstalten, bekannt gab, wurde der Kanal PietSmietTV als Rundfunk eingestuft. Im Klartext: Wenn PietSmiet nicht bis zum 30. April 2017 eine nicht gerade günstige Rundfunklizenz beantragt, muss der Kanal geschlossen werden!

Dies führte bei PietSmiet zunächst sogar zu Verständnis statt Ärger. Bei PietSmietTV handelt es sich ja um einen 24/7-Twitch-Kanal mit einem festen, redaktionell gestalteten Programm. Zusätzlich zu der Untersagung von PietSmietTV erhielten die YouTuber aber noch einen Brief von den Landesmedienanstalten, in dem auch der Haupt-Twitch-Kanal von PietSmiet als lizenzpflichtiger Rundfunk eingeschätzt wurde. Peter Smits, der Gründer von PietSmiet, gab sich im Statement-Video dazu enttäuscht und auch ein wenig ratlos.

Kein Wunder, bedroht dies die Existenz der YouTuber-Gruppe, welche zu den erfolgreichsten Let's Playern im deutschsprachigen Raum gehört. Damit könnte der Vorstoß der ZAK dafür sorgen, dass zahlreiche Streamer, die nicht mal eben das Geld für eine teure Rundfunklizenz haben, ihrer Leidenschaft nicht mehr nachkommen können. Ein ziemlich uncooler Move der Medienanstalten!

Das Statement-Video von Peter Smits

#03 - MÄRZ

FELIX VON DER LADEN MACHT PAUSE

Unabhängig von der Debatte um die Rundfunklizenz zog ein weiterer erfolgreicher Gaming-YouTuber Konsequenzen. Nicht wenige Fans dürften sich bereits gefragt haben, wie es *Felix von der Laden* aka *Dner* überhaupt schafft, neben seinen aufwendigen Vlogs und vielen Reisen auch noch täglich Let's Plays zu produzieren. Immer wieder war in den Kommentaren zu lesen, dass der 22-Jährige kürzertreten solle. Sichtlich enttäuscht und unzufrieden hat *Dner* nun darauf reagiert.

Wie er in einem Statement-Video erklärte, sei er zurzeit mit sich, seinem Leben und seinem Kanal sehr unzufrieden. Aus diesem Grund sehe er sich dazu gezwungen, seinen Gaming-Channel bis auf Weiteres pausieren zu lassen. Stattdessen werde es zahlreiche spannende Vlogs, eine neue Reportage mit dem ZDF und viele weitere Überraschungen geben. Obwohl diese Entscheidung mit Sicherheit nicht leicht war, ist es manchmal einfach besser, eine Pause zu machen. Kopf hoch, *Felix*!

TADDL MACHT WIEDER LET'S PLAYS

Auch wenn es von *Dner* leider erst mal keine neuen Gaming-Videos mehr gibt, dürfen sich Fans über das Comeback eines alten Bekannten freuen. Nachdem *Taddl* bereits vor einigen Monaten wieder angefangen hat, unregelmäßig Videos auf YouTube zu veröffentlichen, reaktivierte er auch seinen Gaming-Channel *LetsTaddl*. Auf diesem zeigte er das Let's Play des Spiels THE LEGEND OF ZELDA: THE MINISH CAP.

Nach so langer Zeit war es für *Taddl* erst einmal ungewöhnlich, wieder ein Let's Play zu machen, wie er erklärte: „ICH WAR MEGA AUFGEREGT, ALSO SEID BITTE NICHT SO HART ZU MIR." Seine Zuschauer freut es auf jeden Fall, wie die vielen positiven Bewertungen und Kommentare beweisen!

#03 - MÄRZ

LEON MACHÈRE VERÖFFENTLICHT F.A.M.E.

Leons Video zur Single „Fame"

Nachdem Leon Machère bereits in den vergangenen Monaten seine musikalischen Ambitionen unter Beweis gestellt hatte, erschien im März endlich sein lang erwartetes Debütalbum F.A.M.E.. Mit diesem chartete er zwar nicht ganz so hoch wie manch anderer YouTuber, aber konnte sich erfolgreich auf Platz 15 der deutschen Albumcharts positionieren. Eine starke Leistung!

Mit dem Release des Albums war es jedoch nicht getan. Um F.A.M.E. seinen Fans zu präsentieren und diese selbst zu treffen, ging Leon auf Selfie-Tour und trat in ganz Deutschland auf. Regelrechte Massen strömten zu seinen Shows, um ein Selfie mit ihm zu machen und sich ein Autogramm zu holen. Die Auftritte verliefen aber nicht immer friedlich. So gab es dank Leon mehrfach ordentlichen Wirbel. Richtig eskalierte es bei einem Gig in Weimar, wo es zu einer Prügelei zwischen Leons Security und einigen vermeintlichen Widersachern kam. Zudem kassierte Leon in Augsburg eine Anzeige, als er dort unangemeldet einen Massenaufstand verursachte, verantwortungslos mit einem Lieferwagen in der Nähe der zahlreichen Jugendlichen entlangfuhr und schließlich auf dem Polizeirevier sowie in den sozialen Medien ausfallend wurde. Schade, das geht doch wirklich besser!

#03 - MÄRZ

TOPS UND FLOPS IM MÄRZ

DieLochis gewinnen Kids' Choice Award
DieLochis räumen weiter ab und ergattern einen der begehrten Awards von Nickelodeon – da wird der Beef mit **Dagi Bee** zur Nebensache.

YouTuber stellen sich erfolgreich gegen beschränkten Modus
Zahlreiche YouTuber setzten sich gegen die Zensur von LGBT-Inhalten im beschränkten Modus ein und konnten YouTube davon überzeugen einzulenken. Starke Aktion!

Gegen eine Rundfunklizenz!

Der Webvideopreis in der Kritik
Kaum wurden die Nominierten des Webvideopreises bekannt gegeben, hagelte es von vielen Seiten Kritik. Die Veranstalter erhielten sogar Morddrohungen! Das geht zu weit und ist einfach nur traurig!

Streamer brauchen eine Rundfunklizenz?
Geht es nach den Landesmedienanstalten, sind Livestreams via Twitch und Co. rundfunklizenzpflichtig – inklusive eines komplizierten Antragsverfahrens und hoher Lizenzgebühren. Uncoole Aktion der Medienanstalten!

Von YouTube auf die große Bühne?
Leon Machères Fans sind von seinem Debütalbum F.A.M.E. und der dazugehörigen Konzerttour begeistert, aber auf Prügeleien und Rumpöbeln hätte er verzichten können. Fail!

Leon im Video zu „Fame"

#04

APRIL

Der April macht, was er will! So auch in der YouTube-Welt, denn dort war mal wieder jede Menge los. Von erfreulichen News von *Dner* und *DieLochis* über Highlights wie die *VidCon*, Neuigkeiten von *Bibi* oder Veränderungen bei *Julien Bam* bis hin zu Flops wie dem sozialen Experiment von *MrWissen2go* – es gab viel Gesprächsstoff ...

#04 - APRIL

VON YOUTUBE INS RENNAUTO

Felix als Rennfahrer

Während *Felix von der Laden* im März leider nicht so gute Neuigkeiten für seine Community hatte, machte er dies im April mit einer großen Ankündigung wieder wett: Der YouTuber wird jetzt Rennfahrer! Als Erstes wird er mit seinem eigenen Rennstall SPIELKIND RACING an der KTM X-BOW ROOKIES CHALLENGE teilnehmen und in ganz Europa auf Strecken wie dem Red Bull Ring in Österreich oder der Strecke Grobnik in Kroatien antreten.

Mit diesem Schritt erfüllt sich *Felix* einen lang ersehnten Traum. Um coole Videos zu drehen, während er selbst im Rennwagen sitzt, hat er sich tatkräftige Verstärkung ins Team SPIELKIND geholt. Der Videomacher *Phillip Dorset* wird ihn beim Filmen und Schneiden seiner kreativen Vlogs unterstützen. Die tollen und hochwertigen Vlogs zeigen, dass sich diese mutige Entscheidung auf jeden Fall gelohnt hat.

DIE VIDEODAYS STELLEN SICH NEU AUF

Ebenfalls neue Wege gehen die *VideoDays*. Das größte YouTuber-Treffen Europas wird ab sofort von dem Netzwerk Divimove organisiert. Divimove hat nicht nur zahlreiche Künstler unter Vertrag, sondern auch schon in der Vergangenheit Events wie die *Saturn LP12 Eskalation* ausgerichtet. Das bedeutet hoffentlich endlich neuen Schwung für die *VideoDays*. In den vergangenen Jahren gab es immer wieder Kritik und durch die *GLOW* oder *Meet & Play* bekam die Veranstaltung starke Konkurrenz. Ein Neuanfang mit frischen Ideen und noch besseren Möglichkeiten sollte Fans und Creator begeistern.

Die VideoDays Köln 2016 – jetzt werden sie neu aufgestellt

#04 - APRIL

VIDCON EUROPE FLOPPT

Vor den *VideoDays* feierte jedoch im April erstmals die *VidCon Europe* in Amsterdam Premiere. Die Convention ist der erste internationale Ableger des Erfolgsformats aus den USA. Dort gilt die *VidCon* als *DIE* größte YouTube-Veranstaltung der Welt, wo Fans ihre Stars hautnah erleben, Creator sich weiterbilden und die Branche sich austauscht. Um auch in Europa erfolgreich zu sein, wurden extra zahlreiche YouTube-Stars aus den USA eingeflogen. Mit dabei waren unter anderem *Tyler Oakley*, *Grace Helbig*, *Freddie Wong*, *Rhett & Link* oder die *Fine Brothers*. Auch aus Europa reisten Creator wie *Lisa and Lena*, die *Cinemates* oder *Fleur DeForce* an. Doch trotz dieser großen Namen blieb der Zuschaueransturm aus.

Gerade einmal 3.000 Fans kamen, um das hochkarätige Line-up zu sehen. Zum Vergleich: Die *Video-*

Days Köln zählen regelmäßig mehr als 10.000 Besucher. Damit ist die *VidCon* gehörig gefloppt und hat ihre Chance vertan, auch jenseits der USA für große Begeisterung zu sorgen. Schade!

Tyler Oakley auf der VidCon

YOUTUBE GOES TV

Etwas Neues wagte auch YouTube im April. Nachdem jahrelang das Motto „YOUTUBE KILLS THE TV-STAR" galt, schlägt die Videoplattform nun auf einmal freundliche Töne gegenüber dem Fernsehen an. Der Grund: YouTube hat seinen eigenen Fernsehdienst gestartet. Unter dem Namen YOUTUBE TV bietet der Dienst die Möglichkeit, Fernsehsender via YouTube für einen monatlichen Betrag zu streamen. Vorerst ist dies jedoch nur in den USA möglich, wo die Plattform mit Sendern wie ABC, CBS, ESPN, FOX und NBC zusammenarbeitet. Hoffentlich kommt YOUTUBE TV bald auch nach Deutschland!

#04 - APRIL

MRWISSEN2GOS SOZIALES EXPERIMENT

MrWissen2gos Reaktions-Video

Auch mit etwas vollkommen Neuem experimentierte der Wissens-YouTuber *MrWissen2go*. In einem Video äußerte der Creator sich klar zu dem nicht gerade unsensiblen Thema Abtreibung. *„FÜR MICH IST ABTREIBUNG SCHON ZU DEM ZEITPUNKT, IN DEM DIE EIZELLE BEFRUCHTET IST, MORD"*, sagte er und plädierte für eine Veränderung der Gesetze sowie für Bestrafung von Frauen, die abtreiben.

Wie zu erwarten, erntete diese kontroverse Meinung nicht gerade wenig Gegenwind. Zahlreiche Kommentare schossen gegen den ausgebildeten Journalisten. Er selbst rechtfertigte sich via Twitter, nahm jedoch schließlich das Video offline und lud ein zweites zu dem Thema hoch.

Darin erläuterte er, dass die gesamte Aktion nur ein soziales Experiment gewesen und er zwar gegen Abtreibung sei, doch die aktuelle Rechtslage gut finde. Auch wenn *Mirko „MrWissen2go" Drotschmann* sonst mit seinen seriösen Videos punktet, erhielt er von den Zuschauern nur wenig Verständnis. Kein Wunder: Als Journalist sollte er doch wissen, dass solche sozialen Experimente keine gute Idee sind. Fail!

DIELOCHIS KÜNDIGEN ZWEITEN KINOFILM AN -YES!-

Alles andere als ein Experiment gehen DieLochis nun ein. Nachdem ihr Kinodebüt BRUDER VOR LUDER ein voller Erfolg war und mehr als 350.000 Zuschauer in die Kinos lockte, werden Heiko und Roman Lochmann bald auf die große Leinwand zurückkehren. Die Zwillinge stecken schon voll und ganz in den Planungen für ihren zweiten Kinofilm ABIKALYPSE. Während die Multitalente bei ihrem ersten Film vom Drehbuch über die Regie bis hin zu den Hauptrollen sämtliche Aufgaben selbst übernahmen, haben sich DieLochis für ihr zweites Leinwandabenteuer prominente Unterstützung geholt.

Die beiden arbeiten bei ihrem neuen Film mit Pantaleon Films, der Produktionsfirma von Matthias Schweighöfer, zusammen. Ob der deutsche Megastar selbst eine Rolle spielen wird, ist jedoch noch nicht klar. Auf jeden Fall ist sicher, dass der Film eine hohe Qualität haben wird. Bis der Streifen jedoch in die Kinos kommt, dürfte es noch einige Zeit dauern. Erst im August starten die Dreharbeiten. Somit geht es für DieLochis in Überschallgeschwindigkeit von einem Erfolg zum nächsten.

Die Filmankündigung

#04 - APRIL

BIBISBEAUTYPALACE BEI MADAME TUSSAUDS

Bibi gibt es zwei Mal?!

Zwar nicht im Kino, dafür ebenfalls sehr öffentlich ist *BibisBeautyPalace* nun zu bestaunen. Sie wird als erste deutsche YouTuberin im Wachsfigurenkabinett MADAME TUSSAUDS in Berlin ausgestellt sein. Und *Bibis* Figur ist etwas ganz Besonderes, denn MADAME TUSSAUDS hat mit ihr

gemeinsam ein aufwendiges Hologramm erstellt, in dem der Beauty-Star verschiedene Posen macht. Fans können nun in MADAME TUSSAUDS nicht nur ein Selfie mit der YouTuberin machen, sondern sogar ein Video! Bibi erklärte dazu:

Bibi bei den Dreharbeiten für das Hologramm

„ES IST EIN VERRÜCKTES GEFÜHL, IM MADAME TUSSAUDS NEBEN SICH SELBST ZU STEHEN UND MIT SICH INTERAGIEREN ZU KÖNNEN. DAS PROJEKT HAT SEHR VIEL SPASS GEMACHT UND ICH FREUE MICH, DASS DAS HOLOGRAMM ENDLICH DA IST."
Eine starke Aktion von MADAME TUSSAUDS, die mit Sicherheit viele Fans glücklich machen wird!

#04 - APRIL

JULIEN BAM ZIEHT UM

Während nur *Bibis* Hologramm zu MADAME TUSSAUDS gezogen ist, hat ein anderer YouTube-Star tatsächlich die Koffer gepackt. Die Rede ist natürlich von *Julien Bam*, der früher gemeinsam mit seinem Team in einer ganz normalen Wohnung in Köln seine aufwendigen Videos produziert hat. Am Anfang bestand sein Team nur aus

Julien Bam mit seiner Crew

ihm und freiwilligen Mithelfern, doch inzwischen arbeiten mehrere Leute wie *Vincent Lee*, *Jimmy „giotto664"*, *Marius „Angeschrien"* und *Annika „zluschi"* mit dem äußerst beliebten YouTuber zusammen. Da der Platz in der Wohnung so langsam eng wurde, musste nun ein neues Headquarter für die *BAMCREW* her – und zwar gleich ein ganzes Haus! Auf drei Etagen plus Keller sowie einem eigenen Garten hat die *BAMCREW* nun auf jeden Fall genug Platz, um sich kreativ auszutoben, weiterzuentwickeln und ihrer Leidenschaft nachzugehen. Wir sind gespannt, ob *Juliens* Videos nun dadurch noch besser und aufwendiger werden.

#04 - APRIL

TOPS UND FLOPS IM APRIL

 **LIKE!**

⬆ **Dner wird Rennfahrer**
Ab sofort ist *Felix von der Laden* nicht nur YouTuber, sondern auch Rennfahrer. Wird er bei der KTM X-BOW ROOKIES CHALLENGE genauso durchstarten können wie auf YouTube?

⬆ **Neuer Kinofilm von DieLochis**
Bei den *Lochis* ist immer etwas los! Nun steht der zweite Film in den Startlöchern – produziert von niemand Geringerem als *Matthias Schweighöfer*. Läuft bei den *Lochis*!

⬆ **YouTube wird zum TV-Sender**
Von „YOUTUBE KILLS THE TV-STAR" zu „LIVE TV AUF YOUTUBE": Ab sofort kann via YouTube ganz normales Fernsehen geschaut werden – vorerst jedoch nur in den USA.

DISLIKE!

Soziale Experimente
MrWissen2go positionierte sich in einem Video gegen Abtreibung – angeblich alles nur ein soziales Experiment. Doch der Riesenshitstorm gegen ihn zeigt: Soziale Experimente sind einfach keine gute Idee!

Trotz Weltstars ein Flop: VidCon Europe
Die weltweit größte YouTube-Convention, die **VidCon**, fand erstmalig in Amsterdam mit Stars aus ganz Europa und den USA statt. Aber leider war die Veranstaltung mit nur 3.000 Fans ein echter Flop …

#05
MAI

Heiß her ging es im Mai – und das nicht nur von den Temperaturen her! *Bibi* sorgte mit ihrem ersten Song für so viel Aufmerksamkeit wie schon lange niemand mehr in YouTube-Deutschland, mit der *GLOW* und dem *XXL TuberDay* gab es sogar gleich zwei Event-Highlights für Webvideo-Fans und auch bei *Simon Unge*, *Julien Bam*, *DieLochis* und vielen weiteren Creatorn passierte allerlei Spannendes!

#05 - MAI

SIMON UNGE IST ZURÜCK!

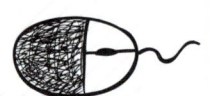

Aufgrund von Internetproblemen nach seinem Umzug nach Hamburg musste sich Simon Unge über mehrere Wochen eine Pause von YouTube und seinen anderen sozialen Kanälen nehmen. Doch nun ist er endlich zurück! Zu seinem Comeback hat Simon eine wichtige Erkenntnis mit seinen Zuschauern geteilt. So erzählte er, dass die Internetpause für ihn zunächst das Schlimmste gewesen sei, was seit Langem passiert ist. Mit der Zeit habe er aber gemerkt, dass der Abstand von YouTube und Co. doch ganz gut war, um eine andere Sichtweise auf vieles zu erhalten. Für ihn sei YouTube eine Sucht nach Bestätigung gewesen und er war total fixiert auf Zahlen.

Durch die Auszeit sei ihm erst richtig bewusst geworden, dass Views und Abos nicht alles sind. Er will deshalb ab jetzt einfach sein Ding durchziehen, ohne großartig auf die Zahlen zu achten. Als einen ersten Schritt nach seiner Rückkehr hat er dafür das neue Projekt Minecraft PIRO gestartet. In Zukunft möchte er sich außerdem vor allem auf Livestreaming konzentrieren. Seine Fans freuen sich, dass Simon nun endlich wieder aktiv ist.

DAS WAR'S MIT PIETSMIETTV

Während *Simon Unge* wieder auf Twitch streamt, verabschieden sich *PietSmiet* von der Plattform – zumindest mit ihrem 24/7-Channel *PietSmietTV*. Nachdem dieser im März von der ZAK rundfunklizenzpflichtig erklärt worden war, haben sich die Let's Player nun dazu entschieden, keine Rundfunklizenz zu beantragen, sondern den Kanal stattdessen einzustellen.

Immerhin zeigen sich die Landesmedienanstalten nach einem offenen Brief der European Web Video Academy, den Veranstaltern des *Webvideopreises*, sowie Statements von Creatorn wie *PietSmiet* oder *Gronkh* gesprächsbereit und fordern ebenfalls eine Lockerung der Regelungen vom Gesetzgeber. Bis dies so weit ist, dürfte aber noch einige Zeit vergehen. Schade!

#05 - MAI

BIBI VERÖFFENTLICHT EIGENEN SONG

Das Video zu Bibis Song „How It Is (Wap Bap...)"

Nachdem sich zuvor schon viele YouTuber in der Musikwelt versucht hatten, veröffentlichte Anfang Mai auch *BibisBeautyPalace*, die größte YouTuberin Deutschlands, ihren ersten, eigenen Song How It Is (Wap Bap...). Bereits im Vorfeld wurde die YouTuberin skeptisch beäugt, war sie bislang doch nicht für ihre musikalische Leidenschaft bekannt. Die 24-jährige Beauty-Queen gab sich allerdings unbeeindruckt und erklärte: „Ich habe ein eigenes, mein eigenes Lied aufgenommen. Das ist so krass. Ich freue mich gerade so unfassbar auf alles."

SHITSTORM GEGEN BIBI

Doch auch wenn viele Fans schon dem Song entgegenfieberten, den es digital und als CD zu kaufen gibt, kamen der und das aufwendig gedrehte Musikvideo alles andere als positiv an. Innerhalb nur weniger Stunden wurde der Clip zwar weit über 10 Millionen Mal gesehen, jedoch auch über eine Million Mal negativ bewertet. Mittlerweile hat das Video Millionen Dislikes bei gerade mal ein paar Hunderttausend Likes. Damit gehört es zu den weltweit meist gedislikten Videos auf YouTube!

Auch in den Kommentaren, den Medien sowie zahlreichen Videos anderer YouTuber musste sich Bibi harsche Kritik anhören. Der Vorwurf: Sie habe den Song nur gemacht, um ihre Fans auszubeuten und möglichst viel Geld mit einem billig produzierten Lied zu verdienen. Bibi wurde sogar richtig fies beleidigt und gehatet. Dadurch rückte der Erfolg des Songs komplett in den Hintergrund – immerhin erreichte die Single Platz 9 in den Charts.

#05 - MAI

YES! EXIT: APECRIME VERÖFFENTLICHEN ALBUM

Deutlich weniger umstritten war die Musik von ApeCrime. Bereits in den Vormonaten hatten sie mit hochqualitativen Musikvideos gezeigt, dass sie nun ernsthaft Musik machen wollten. Nun erschien endlich ihr zweites Album Exit. In 13 Songs singen und rappen Andre, Cengiz und Jan vor allem über persönliche Geschichten aus der Vergangenheit, mit denen sie nun wirklich abschließen möchten. Damit schaften sie es auf Platz 17 der deutschen Charts!

Neben der tollen, neuen Musik erhielten die Fans der Apes aber auch eine enttäuschende Nachricht. So wurde die groß angekündigte dazugehörige Tour ohne Begründung abgesagt. ApeCrime selbst gaben noch nicht mal offiziell bekannt, dass die Tour doch nicht stattfinden werde. Dies geschah lediglich über eine knappe Pressemitteilung des Veranstalters. Damit zeigten die Apes, dass sie aus der Vergangenheit nichts gelernt haben, und enttäuschten mit ihrem unfairen Verhalten erneut ihre Fans. Das geht eindeutig besser!

Das Video zur Single „BANG!"

DAGI GEHT AUF GROSSE POP-UP-STORE TOUR

Während ApeCrime nun doch nicht auf Tour gehen, kündigte Dagi Bee dafür eine Tournee an. Auf dieser wird die Lifestyle-YouTuberin aber natürlich keine Musik präsentieren, sondern ihre neue Twentyonenine Collection vorstellen. Ihre Fans aus Deutschland und Österreich haben so die Chance, die YouTuberin zu treffen und bei ihrer Pop-Up Store Tour exklusiv das neue Merch aus

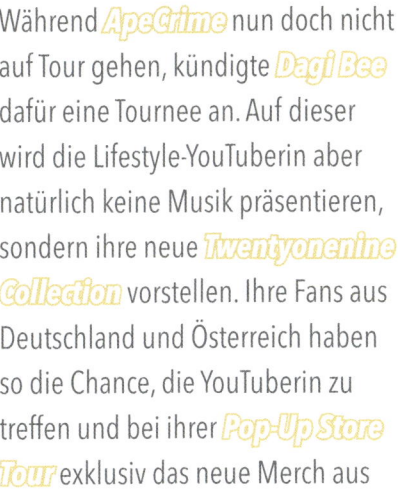

dem Dagi-Shop zu entdecken. Wie erwartet war der Andrang äußerst groß, sodass bereits nach wenigen Tagen schon ein Großteil der Pop-Up Store Tour ausverkauft war. Das beweist mal wieder, wie krass Dagis Community ist.

#05 - MAI

DIE TOP-EVENTS IM MAI

GLOW CON

Bevor Dagis Tour startete, konnten sich YouTube-Fans jedoch erst einmal über zwei weitere coole Events freuen. In Düsseldorf feierte erstmalig eine Ausgabe der GLOW Premiere. Zu der Beauty-Convention kamen wie bei den vorigen Veranstaltungen erneut Tausende Fans, um YouTuber wie Shirin David, Paola Maria, Julia Beautx, Shanti Tan oder auch Dagi Bee zu sehen. Außerdem waren

Selfies mit Shirin auf der GLOW

wieder jede Menge Aussteller vor Ort und es wurde ein umfangreiches Programm mit Schminktipps, Lip Sync Battles und vielem mehr geboten. Die GLOW ist somit definitiv ein fester Bestandteil der Webvideo-Kultur!

XXL TUBERDAY IM MAI

Ebenfalls besonders beliebt war der *XXL TuberDay*. Bei dem Event im Movie Park Germany konnten Fans ihre Lieblingsstars treffen, eine spannende Liveshow erleben und dazu auch noch einen Freizeitpark besuchen. Die Stars der Veranstaltung waren ganz klar die Gaming-YouTuber *ConCrafter* und *KranCrafter* sowie *Jonas Ems*, *MrTrashpack* und viele weitere Creator. Webvideo-Events sind einfach eine coole Sache!

ConCrafter auf dem XXL TuberDay

Jonas Ems erhält eine Dusche

#05 - MAI

YOUTUBER RUFEN ZUM WÄHLEN AUF

Dank ihrer hohen Reichweite sind YouTuber Vorbilder für Tausende oder sogar Millionen junge Menschen. Dadurch haben die Webvideo-Creator einen enormen Einfluss auf die junge Generation. Im Zuge der Landtagswahlen im Mai sowie der Bundestagswahl 2017 setzten sich deshalb einige YouTuber dafür ein, Erstwähler zu motivieren, wählen zu gehen und ihre Stimme zu nutzen. Im Rahmen der Initiative 80 PROZENT FÜR DEUTSCHLAND fordern YouTuber wie ItsColeslaw, DynamitesLife, Ella TheBee, Jodie Calussi oder Marspet Fans zum Wählen auf.

Jodie Calussi: Wählen ist das Privileg unserer Zeit.

Doch nicht nur diese fünf Videomacher gehen mit gutem Beispiel voran. Auch viele weitere wie Julien Bam oder Diana zur Löwen riefen beispielsweise bei der Landtagswahl NRW ihre Communities dazu auf, ihre Stimme abzugeben, und nahmen ihre Fans sogar mit in die Wahlkabine. Ein echt beispielhaftes Verhalten!

ItsColeslaw: Geht wählen!

DIELOCHIS GEHEN GOLD!

Ein Vorbild für viele junge Menschen sind auch *DieLochis*. Mit nur 18 Jahren führen sie nicht nur einen erfolgreichen YouTube-Kanal, sie haben auch schon einen Kinofilm gedreht und ein Nummer-1-Album rausgebracht. Zu ihrem 18. Geburtstag veröffentlichten sie als Überraschung eine Neuauflage ihres Debütalbums *#ZWILLING* und gingen auf *#ZWILLING18-Tour*, um diesen gemeinsam mit ihren Fans zu feiern. Anders als bei der ausverkauften *#ZWILLING-Tour* spielten sie jedoch in deutlich kleineren Konzerthallen, da sie ihre Songs dieses Mal als Akustikversion präsentierten.

Bei ihrem Tourstopp in Wien erhielten *Heiko* und *Roman Lochmann* dazu noch etwas ganz Besonderes: Ihnen wurde in Österreich die Goldene Schallplatte für 7.500 verkaufte Einheiten verliehen! Echt stark, was *DieLochis* mit gerade mal 18 Jahren alles schon geschafft haben!

#05 - MAI

JULIENBAM VERÖFFENTLICHT NEUES SPIEL

Julien Bam hat nicht nur auf dem roten Teppich Erfolg

Dass *Julien Bam* bereits viel erreicht hat, steht außer Frage. Nun kann er aber noch einen weiteren Rekord verzeichnen. Ohne große vorherige Ankündigung veröffentliche er sein neues Handyspiel *BamAttacks*. In dem Strategiegame treten die Player online in Teams gegeneinander an, um möglichst strategisch die meisten Häuser in der Spielwelt einzunehmen. Doch daraus wurde erst mal nichts, denn *Juliens* Fans downloadeten die App so fleißig, dass die Server abstürzten und das Game mehrere Stunden gar nicht funktionierte. Nun, wo *BamAttacks* wieder läuft, zeigt sich, dass *Julien Bam* auch außerhalb von YouTube großen Erfolg hat – denn seine Community liebt das Spiel!

DIE REKRUTEN KOMMEN INS FERNSEHEN

Zum Monatsende wurde noch eine spannende Neuigkeit angekündigt. Nachdem bereits auf YouTube die Webserie der Bundeswehr, *Die Rekruten*, ein echter Hit war, geht es für das Format nun auch ins Fernsehen. Auf RTL II wird ein Zusammenschnitt der Folgen, die die Grundausbildung bei der Bundeswehr verfolgen, ausgestrahlt. Nach eigenen Angaben ist *Die Rekruten* die weltweit erste YouTube-Serie, die den Sprung ins TV geschafft hat! Nach diesem Erfolg hat die Bundeswehr außerdem angekündigt, dass es noch in diesem Jahr eine weitere Serie geben soll – mit einer komplett neuen Geschichte. Wir sind gespannt!

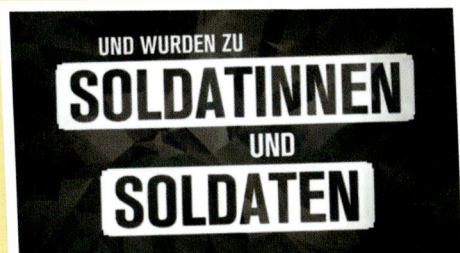

#05 - MAI

TOPS UND FLOPS IM MAI

LIKE!

- **Comeback von Simon Unge**
  Nach einer mehrmonatigen Pause feiert *Simon Unge* auf YouTube und Twitch sein Comeback! Welcome back, *Unge*!

- **Gold für DieLochis**
  Wow! *DieLochis* holen in Österreich Gold für ihr Debütalbum *#ZWILLING*! Gleichzeitig ging es erneut auf Tour für die Erfolgs-Zwillinge. Echt krass, was *Heiko* und *Roman* mit 18 Jahren schon erreicht haben!

- **YouTuber rufen zum Wählen auf**
  YouTuber wie *Julien Bam*, *Jodie Calussi* oder *Ella TheBee* rufen via Social Media zum Wählen auf! Damit zeigen sie Vorbildcharakter und setzen ihre Reichweite für einen guten Zweck ein. Weiter so!

DISLIKE!

- **ApeCrime sagen Tour ab**
  Trotz Release ihres neuen Albums *Exit* geht es für *ApeCrime* nicht auf Tour. Viele Fans sind enttäuscht, denn Gründe für die Absage nennen die *Apes* leider nicht. Schade!

- **BibisBeautyPalace erntet Shitstorm**
  Auch wenn Bibis erster Song HOW IT IS (WAP BAP…) musikalisch vielleicht nicht das nächste große Ding ist, ging der darauffolgende Shitstorm einfach zu weit! Beleidigungen und Hate müssen echt nicht sein.

#06
JUNI

Nicht nur der Sommer zeigte sich im Juni in seiner vollen Pracht, auch in der Webvideowelt jagte ein High-light das nächste! Es gab jede Menge Milestones, zum Beispiel bei *Lisa and Lena*, oder andere aufregende Ereignisse, wie das missglückte Fantreffen von *SKK*. Die Krönung des Jahres dürfte allerdings für viele der Szene – gewesen sein …
Webvideopreis – die wichtigste Preisverleihung der

#06 - JUNI

DER WEBVIDEOPREIS 2017

Diana zur Löwen und Kisu auf dem „roten" Teppich

Gleich zum Monatsbeginn fuhr der *Webvideopreis* groß auf und stellte alle anderen Webvideo-Events in den Schatten. Erstmalig fand die Veranstaltung im ISS Dome in Düsseldorf vor mehr als 3.500 Zuschauern statt. Fast die gesamte YouTube-Szene war versammelt, um mit dabei zu sein, als in 25 Kategorien die begehrten Preise verliehen wurden. Nicht nur die vielen VIPs kamen auf ihre Kosten. Der *#WVP17* bot auch für Fans eine optimale Möglichkeit, ihre Lieblings-YouTuber zu sehen und das Spektakel direkt vor Ort zu verfolgen. Bereits vor der eigentlichen Gala zeigten sich die Stars auf dem roten Teppich, wo sie für Fotos posierten und sich von YouTube-Urgestein *Daniele Rizzo* interviewen ließen.

WorldWideWohnzimmer mit ... Quietscheente?

Felix von der Laden gewinnt Award

Anschließend wurden in der von *Barbara Schöneberger* moderierten Show in zahlreichen Kategorien von „Animation" über „Gaming" und „Community" bis hin zum „Best Video of the Year" die *Webvideopreise* vergeben. Zu den Top-Gewinnern gehörten zweifelsohne *Julien Bam*, der gleich drei Preise abräumte, *Felix von der Laden*, der in zwei Kategorien die Trophäe ergatterte, sowie die *MarmeladenOma*, die sogar Standing Ovations erhielt und für einen echten Gänsehautmoment sorgte, als sie trotz ihres hohen Alters gemeinsam mit ihrem Enkel den Award entgegennahm. Doch diese drei YouTuber und Streamer waren nicht die einzigen Sieger des Abends …

Die MarmeladenOma auf der Bühne

#06 - JUNI

Die Gewinner des Webvideopreises 2017

Kategorie	Gewinner
Beauty	PUSCH ART
Arthouse	Sebastian Linda / Memento Mori
Comedy	Neo Magazin Royale / Every Second Counts
Social Campaign	Friendly Fire 2, Loot für die Welt 3, #SaveSelous
Livestream	MarmeladenOma
Original Song	DieLochis / Lieblingslied
Sports	Kampfkunst Lifestyle
Lifestyle	Kliemannsland

Education & Science	TheSimpleClub
Vlog	Felix von der Laden
Newcomer	Y-Kollektiv
Food	Sallys Welt
Interactive	Julien Bam
Community	Julien Bam / UNS (2.000.000 - Special)
Gaming	tinNendo / Der geborene Landwirt
Opinion	Melina Sophie / #TUTETWAS
360°	Inside Auschwitz / WDR
Journalism	Tomatolix / Selbstexperiment
Person of the Year Female	Carolin Kebekus
Person of the Year Male	Felix von der Laden
Music	Rezo / The Clavinover / So singt man wie …
Best Video of the Year	Wishlist
Animation	Kurzgesagt – In a Nutshell
Social Influencer Campaign	Julien Bam / Fanta
Brand Campaign	BVG / Alles Absicht

Felix von der Laden

Rezo

#06 - JUNI

Neben den zahlreichen Preisträgern bot der *Webvideopreis* auch sonst viele Höhepunkte. So sang *Mike Singer* ein exklusives Medley seiner Songs, *Barbara Schöneberger* coverte *Bibis* Lied HOW IT IS (WAP BAP …) und *DieLochis* erregten mit ihrer Gewinnerrede große Aufmerksamkeit. Denn sie bedankten sich nicht nur bei ihren Fans und Unterstützern, sondern äußerten sich auch zu einigen aktuellen Ereignissen.

Gruppenselfie auf der Bühne

Sie wandten sich an viele YouTuber, die Bibis Song öffentlich gehatet hatten: „Schämt euch! Schämt euch dafür, dass ihr dieses Mädchen und diesen Song und diese Arbeit so fertiggemacht habt und auf dieser Hasswelle mitgeritten seid."

Statt Hass forderten sie mehr Respekt, Toleranz und Verantwortung vonseiten der Creator. Zum Abschluss ließen sich die geladenen YouTuber auf der Aftershowparty ordentlich feiern. Das haben sie sich auf jeden Fall verdient!

#06 - JUNI

SNAPCHATS SONNENBRILLE

Kaum war der *Webvideopreis* vorbei, gab's Neuigkeiten von Snapchat in Deutschland. Während in den Monaten zuvor Instagram fleißig die Funktionen von Snapchat kopiert hatte, konterte die App nun mit einem ungewöhnlichen Gadget: die Sonnenbrille SPECTACLES.

Neben einem außergewöhnlichen Design fällt die Brille vor allem dank eines ganz speziellen Features auf – mit einer eingebauten Kamera können direkt über die Brille Snaps gemacht werden! Somit können Erlebnisse gleich viel einfacher und schneller geteilt werden. Noch sind die SPECTACLES nur eine nette Spielerei, aber in Zukunft könnte das Gadget vielleicht schon als Augmented Reality funktionieren.

20 MILLIONEN FOLLOWER AUF MUSICAL.LY

Dass musical.ly alles andere als eine Spielerei ist, zeigen *Lisa and Lena* fast täglich. Aufwendig, kreativ und vor allem erfolgreich sind ihre kurzen Lip-Sync-Videos zu zahlreichen Hit-Songs. Nachdem sie bereits *Baby Ariel* überholt haben und sich damit den Titel der beliebtesten Muser weltweit sichern konnten, haben sie nun einen weiteren Milestone geknackt: die 20-Millionen-Follower-Marke! Zum Vergleich: Im Sommer 2016 hatten sie gerade mal zwei Millionen Abonnenten auf musical.ly. Die Zwillinge sind nun echte Megastars und jetten um die ganze Welt, um verrückte Musicals aufzunehmen und ihre Fans zu treffen. Wow, und das mit gerade mal 15 Jahren – wir sind gespannt, womit *Lisa and Lena* uns als Nächstes überraschen!

Lisa and Lena überholen Baby Ariel

#06 - JUNI

100 ABO-MILLIONÄRE IN DEUTSCHLAND

Der meistabonnierte Kanal in Deutschland: freekickerz

Mit ihren 20 Millionen Fans sind Lisa and Lena aber nicht die Einzigen, die von Erfolg zu Erfolg klettern. In Deutschland haben nun stolze hundert YouTube-Kanäle die 1-Million-Abonnenten-Grenze überschritten! Die Videos der Top-100-YouTube-Channels wurden zusammen mehr als 55 Milliarden Mal angeschaut. Unangefochten an der Spitze stehen die freekickerz, die wie Lisa and Lena internationale Bekanntheit erreicht haben.

Die neuen Zahlen für Deutschland sind aber nicht die einzige Statistik, die YouTube bekannt gegeben hat. Weltweit nutzt ein Fünftel der Bevölkerung jeden Monat YouTube. Im Durchschnitt verbringen Zuschauer täglich über eine Stunde damit, sich Videos dort anzusehen. YouTube stellt damit mal wieder unter Beweis, dass es ganz klar die Videoplattform Nummer eins ist!

STRAFE FÜR FLYINGUWE

Aber auf YouTube herrscht nicht immer nur Partystimmung. Ab und zu gibt es auch mal richtig Ärger. Den hatte der Fitness-YouTuber flyinguwe im Juni mit den Landesmedienanstalten. Doch dabei ging es nicht um das Rundfunklizenz-Thema, sondern um Schleichwerbung. Die Medienanstalt Hamburg, Schleswig-Holstein wirft ihm vor, mehrere Videos nicht als Werbung gekennzeichnet zu haben, obwohl er in diesen diverse Produkte seiner eigenen Firma vorstellte.

Als flyinguwe nicht auf den Hinweis der Medienanstalt reagierte, hat diese nun durchgegriffen und ein Bußgeld in Höhe von 10.500 Euro verhängt! Was erst mal nach einem hohen Betrag klingt, ist noch verhältnismäßig harmlos. Im Falle von Schleichwerbung kann die Strafe bis zu 500.000 Euro betragen! Hoffentlich hat flyinguwe dadurch nun gelernt, seine Videos besser zu kennzeichnen ...

flyinguwe im Video „WAS IST MIT DER 10.500 EURO STRAFE?"

#06 - JUNI

SKK-
FANTREFFEN ESKALIERT

Die Jungs von SKK

Doch *flyinguwe* war nicht der einzige YouTuber, bei dem es drunter und drüber ging. Auch bei den Comedy- und Entertainment-YouTubern *SKK* aka *SchwarzKopfKanal* war einiges los. Diese hatten ein Treffen in Oberhausen veranstaltet, um Autogramme zu verteilen und Selfies mit ihren Fans zu machen. Was zuerst reibungslos verlief, spitzte sich jedoch schnell zu und eskalierte dann völlig.

Die mehr als 500 Follower von *SKK* drängelten so stark, dass die Polizei eingreifen und das Fantreffen abbrechen musste. *SKK* mussten dabei sogar von der Polizei mit einem Streifenwagen in Sicherheit gebracht werden! Zurück blieben viele enttäuschte Fans, die aufgrund der fehlenden Organisation ohne Autogramm den Heimweg antreten mussten. Das geht besser!

APORED UND KSFREAK ROCKEN YOUTUBE!

Mit ihren neuen Songs bauen ApoRed und KsFreak ihre musikalische Karriere im Juni aus. Nachdem ApoRed in der Vergangenheit für seine Musik viel Hate einstecken musste, kommt sein neues Lied YALLA HABIBI richtig gut bei seinen Fans an. Insbesondere ist seine Community von der Steigerung seiner Rap-Künste sowie dem qualitativ hochwertigen WHAT ELSE veröffentlichte er den neuen Track SO HELL. Der Dance-Hit kam jedoch gemischt bei seinen Fans an, wie die vielen negativen Kommentare sowie Dislikes bewiesen. Dennoch kann man auf das Debüt-Album des YouTubers gespannt sein. Und auch wenn ApoRed und KsFreak mit ihrer Musik polarisieren, sie machen auf jeden Fall von sich reden!

ApoReds Song „Yalla Habibi"

Video begeistert und zeigt dies mit Hunderttausenden von Likes.

Während ApoRed „nur" einen Song rausbrachte, hatte KsFreak gleich ein ganzes Album in der Pipeline. Als Vorgeschmack auf

KsFreak im Video zu „So hell"

#06 - JUNI

YOUTUBERIN ERSCHIESST FREUND

Monalisa Perez' Tweet vor dem tödlichen Videodreh

Doch im Juni überschattete auch ein trauriges Ereignis die gesamte Webvideo-Szene. Die Rede ist natürlich von der amerikanischen YouTuberin *Monalisa Perez*. Eigentlich wollte sie mit ihrem Freund *Petro Ruiz III*, der ebenfalls YouTuber ist, einen krassen Stunt drehen und zeigen, dass die Kugel einer Pistole von einem Buch aufgehalten werden könne. Aber der Schuss mit einer 50-mm-Kaliber-Waffe aus 30 Zentimeter Entfernung blieb nicht im Papier stecken, sondern traf den 22-Jährigen – tödlich.

Wie *Monalisa* später der Polizei erklärte, habe ihr Freund sie zu dieser schrecklichen Tat überredet, da er davon überzeugt gewesen sei, dass nichts passieren könne. Nun muss sich *Monalisa Perez*, die zudem noch mit dem zweiten Kind des Paares schwanger ist, wegen fahrlässiger Tötung verantworten. Ein schreckliches Drama!

DATTELTÄTER GEWINNEN GRIMME ONLINE AWARD

Trotz dieser Schreckensnews gab es zum Monatsende auch noch ein erfreuliches Ereignis. Beim GRIMME ONLINE AWARD konnten die datteltäter ordentlich abräumen! Mit ihren Videos zu Themen wie Vorurteile gegen Muslime überzeugte der YouTube-Kanal die Jury in der Kategorie „Kultur und Unterhaltung". Zudem begeisterte der zu funk gehörende Channel auch die Zuschauer und ergatterte zusätzlich den Publikumspreis. Die Jury erklärte dazu: „DIE DATTELTÄTER ENTKRAMPFEN DEN HERRSCHENDEN DISKURS, DER VORSCHNELL RICHTET ÜBER MENSCHEN, ÜBER DEREN LEBENSWIRKLICHKEIT VIELE GAR NICHT SO VIEL WISSEN MÖCHTEN." Echt cool, dass die datteltäter für ihre humorvollen Aufklärungsvideos – völlig verdient – ausgezeichnet werden!

#06 - JUNI

TOPS UND FLOPS IM JUNI

LIKE!

Der Webvideopreis hat gerockt!
Der **Webvideopreis** Deutschland war mal wieder ein echtes Highlight: zahlreiche Preise, tolle Auftritte und auch einige denkwürdige Momente. Schade, dass der nächste **WVP** erst wieder im kommenden Jahr stattfindet.

Lisa and Lena weiter auf Höhenflug
Sie sind die größten und bekanntesten Muser – weltweit! **Lisa and Lena** erreichen einen Meilenstein nach dem anderen. Weiter so!

Hundert YouTube-Millionäre in Deutschland
Wow! Ganze hundert YouTuber haben in Deutschland mindestens eine Million Abonnenten. Echt stark!

DISLIKE!

- **Chaos bei SKK**
  Das Fantreffen von SKK wird zum Desaster und muss abgebrochen werden. Schade für die Fans!

- **flyinguwe muss Strafe zahlen**
  Die fehlende Kennzeichnung von Produkten wurde teuer für flyinguwe. In Zukunft wird Uwe dabei wohl ein wenig vorsichtiger sein.

- **YouTube-Dreh endet in Desaster**
  Der krasse Stunt eines amerikanischen YouTube-Pärchens endete in einer Katastrophe. Damit zeigt sich mal wieder: Die eigene Sicherheit ist eindeutig wichtiger als Klicks.

Strafe für flyinguwe

NEXT GENERATION YOUTUBER 2017

Wow, war 2016/17 eine spannende Zeit auf YouTube! Aber die YouTube-Welt steht nie still und entwickelt sich ständig weiter. Jedes Jahr schaffen zahlreiche Channels den Durchbruch und können ein großes Publikum für sich gewinnen – aus No Names werden richtige Shootingstars! Wir stellen euch deshalb als kleinen Ausblick hier noch fünf YouTube-Kanäle vor, die ihr dieses Jahr unbedingt im Blick behalten solltet – denn diese Creator haben auf jeden Fall das Potenzial, ganz groß zu werden.

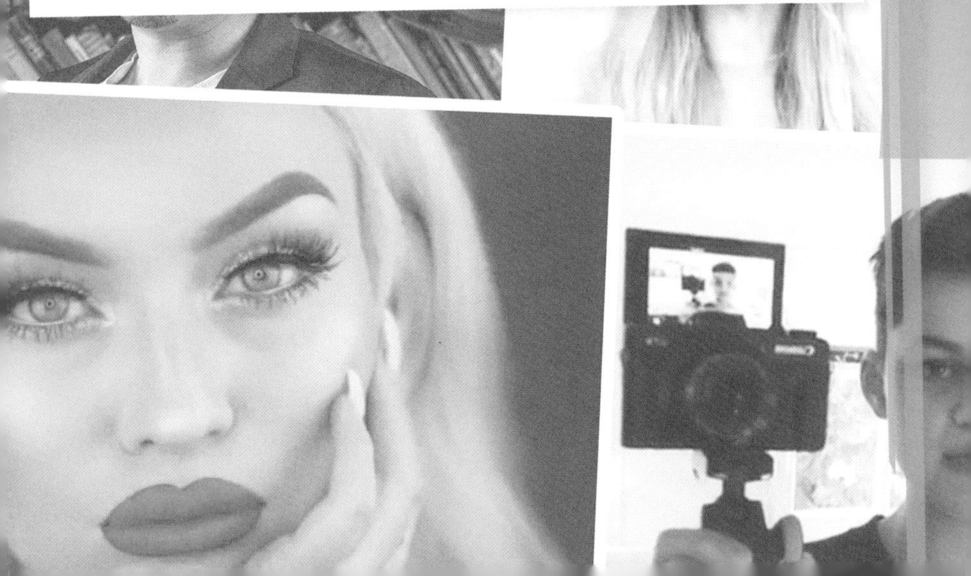

TOMATOLIX

Genre: Infotainment
Abonnenten: 200.000

Schon seit vielen Jahren ist *tomatolix* auf YouTube aktiv. Doch erst in den vergangenen Monaten konnte er stark an Beliebtheit dazugewinnen. Der Grund sind seine umfangreichen, oft in Kooperation mit *#WDR360* produzierten Reportagen. In diesen testet er, wie fit man in 30 Tagen werden kann, ob es möglich ist, in sieben Tagen eine neue Sprache zu lernen, oder wie schwer es ist, etwas im Darknet zu kaufen. Nicht umsonst hat er einen *Webvideopreis* in der Kategorie „Journalism" gewonnen!
Fazit: Wer noch etwas dazulernen möchte und gut produzierte, unterhaltsame Videos mag, sollte unbedingt bei *tomatolix* vorbeischauen!

DER HEIDER

Genre: Comedy
Abonnenten: 350.000

Was es auf YouTube inzwischen alles für Trash gibt, zeigt der *Heider* regelmäßig in seinen *Heider Hated*-Videos. Hier nimmt er mit feinstem bayrischen Humor YouTuber wie *Leon Machère*, *ApoRed* oder *BibisBeautyPalace* aufs Korn und setzt sich satirisch mit deren Inhalten auseinander. Großes Kino!
Fazit: Wer auf gute Unterhaltung steht und darüber lachen kann, wie andere YouTuber „gehated" werden, muss den *Heider* abchecken!

#NEXT GENERATION YOUTUBER

OSKAR

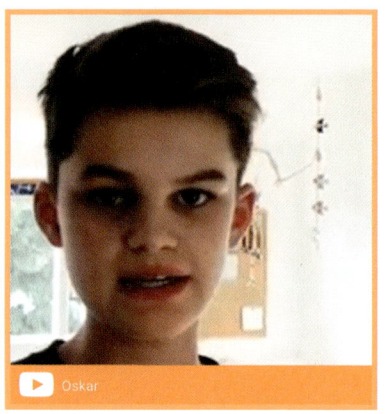

Genre: Vlogs
Abonnenten: 330.000

Mit gerade einmal 15 Jahren betreibt *Oskar* einen YouTube-Kanal mit mehr als 330.000 Abonnenten. Auf diesem veröffentlicht er fast täglich Videos, in denen er neue Gadgets testet oder einfach einen Einblick in seinen Alltag gibt. Mit gerade einmal 15 schafft er es, seine Videos in einer echt hohen Qualität zu produzieren – wofür er völlig verdient für den Webvideopreis nominiert wurde.

Fazit: Es macht einfach Spaß, die coolen Vlogs aus *Oskars* spannendem Leben anzuschauen!

REBEKAH WING

Genre: Unterhaltung
Abonnenten: 800.000

Rebekah Wing gehört zu den am schnellsten wachsenden YouTuberinnen in Deutschland. Mit ihren Lifestyle- und Comedy-Videos bringt die Hamburgerin regelmäßig Hunderttausende Zuschauer zum Lachen, wenn sie zum Beispiel bei der *Finish the Song Challenge* grandios dabei scheitert, bekannte Lieder zu Ende zu singen, oder sich andere kuriose Netztrends anschaut und kommentiert.

Fazit: *Beki* trifft definitiv den Nerv der Zeit und sorgt bei Fans von lustigen Challenges oder Comedy-Videos für Lacher.

NAOMI JON

Genre: Beauty
Abonnenten: 250.000

Anders als viele deutsche YouTuber dreht *Naomi* ihre Videos auf Englisch. Auf ihrem Kanal zeigt sie aufwendige Makeup-Tutorials, in denen sie sich zum Beispiel in die *DISNEY*-Figur Elsa verwandelt oder ihr Gesicht an Halloween wie einen glitzernden Schädel schminkt. Neuerdings versucht sie sich auch an Challenges oder Q&A-Videos, um mit ihren Zuschauern in Kontakt zu treten – mit Erfolg.

Fazit: Von *Naomi* kann sich jeder noch den ein oder anderen Make-up-Tipp holen. Sie ist echt sympathisch und kann auch mit ihren Unterhaltungsvideos voll und ganz überzeugen!

QUELLENVERZEICHNIS

Bildnachweis:

S. 4 oben, 6, 12-17, 20-21, 39, 45 links, 47, 92, 99, 122, 127 l., 137, 139 © Broadmark; S. 4 unten, 37 u., 88, 90 o., 150, 154-155, 165 u. © BibisBeautyPalace; S. 5 o., 172-173 Hintergrund, 182 l. © Riese/Webvideopreis; S. 5 u., 72, 77 © YouTube Spotlight; S. 6, 8-9 © Stefan Höderath/YouTube; S. 6, 10, 22 l., 150, 157 © Dagi Bee; S. 6, 18 u., 72, 83 u., 166, 179 rechts © KsFreak; S. 6, 19, 23, 24, 33 u. © Simon Desue; S. 7, 20, 50, 94-95, 107 o., 109, 115 o., 150, 156, 165 o. © ApeCrime; S. 6, 22 r., 88, 89 o., 122, 126, 127 r., 137, 143, 150, 161, 164 u. © DieLochis; S. 8 l., 9 r., 24, 28-29 © FSM; S. 18 o. © KuchenTV; S. 24-25, 27 u. © Melanie Gömmel/WWF; S. 24, 31 © euronews; S. 24, 32, 92, 100, 107 u., 166, 175, 182 r. © Lisa and Lena, S. 24, 27 o., 36 l. © WWF Deutschland; S. 24, 36 r., 49 r. o. und u., 108, 112 u., 113 o. © funk von ARD und ZDF; S. 33 o © YouTube; S. 30 © HandOfBlood; S. 34 o. © Stefan Höderath/funk von ARD und ZDF; S. 34 u., 108, 111 o. © Stefan Behrens/funk von ARD und ZDF; S. 35 o., 108, 111 u. © Christoph Neumann/funk von ARD und ZDF; S. 35 Mitte © Game Two/funk von ARD und ZDF; S. 35 u. © Rocket Beans Entertainment GmbH/funk von ARD und ZDF; S. 37 o., 60 und 61 u., 72, 83 o., 87 o. r., 115 u., 122, 132-133, 135 u. © Leon Machère; S. 38, 40 r., 52 o., 106 l. u. © Shirin David; S. 38, 45 r., 52 u., 73, 81 l. © Melina Sophie; S. 38, 46, 53 r., 122, 131 © Taddl; S. 38, 48, 53 l. © Holger Hahn & Anja Jeschonneck/Nordend Film/funk von ARD und ZDF; S. 38, 51, 150, 159 © Julian Schäpertöns; S. 40 l. © RTL/Stefan Gregorowius; S. 41 o., 136, 138, 148 o. © Felix von der Laden; S. 41 u. © izzi; S. 42-43 © VideoDays; S. 49 o. © Outside the Club/funk von ARD und ZDF; S. 54, 56-57, 151, 163 © Die Rekruten; S. 54, 60 und 61 o., 71 o., 179 l. © ApoRed; S. 54, 55, 62, 71 u. © Casey Neistat; S. 54, 63, 70 l. © DoktorFroid; S. 54, 65 u. © VeniCraft; S. 54, 66-67 © Marik Roeder/funk von ARD und ZDF; S. 54, 68, 70 r. © Julia Beautx; S. 59 © YouTube Space; S. 64-65 Hintergrund © Christoph Poropatits/diego5 studios Branded Entertainment GmbH; S. 64 u. © Celina Blogsta; S. 69 © MontanaBlack; S. 72, 73, 79, 80, 87 u., 108, 116, 121 o. © PewDiePie; S. 72, 82, 87 l. o., 103 u. © Emrah !; S. 72, 85, 86 r. © rewinside; S. 72, 74-75 © GermanLetsPlay; S. 76, 86 l., 123, 129, 135 o., 150, 153 © PietSmiet; S. 78 o. © Webvideopreis Schweiz; S. 78 u. © Nickless; S. 81 r. © Kelly MissesVlog; S. 84 © PrankBrosTV; S. 88 © The Late Night Show with James Corden; S. 88, 89 Mitte © Julienco; S. 88, 89 u. © Made My Day; S. 88, 91 © extra 3/NDR; S. 90, 97, 150, 162 © Webvideopreis; S. 91 u., 122, 130, 134, 136, 146-147, 148 o., 166, 170-171, 173 o. r. © Patrick Hoffmann/Webvideopreis; S. 92, 96 © PlayNationTV; S. 92, 106 o. © MarmeladenOma; S. 92, 98, 106 r. u. © ENERGY; S. 92-93, 101 o. © Logan Paul; S. 92, 103 o. © RandomFlo; S. 104 © dyzzymon; S. 100 u. © musical.ly; S. 101 Mitte © King Bach; S. 101 u. © Vine; S. 102 © Youlius Award; S. 105, 125 © BeHaind; S. 108, 110 u., 120 o. © Panini; S. 108, 112 o., 113 u. © Fabian Stürtz/funk von ARD und ZDF; S. 108, 114, 120 u. © Alexander Koslowski; S. 108, 118 © TV Strassensound; S. 110 o. © Juststickit GbR; S. 119, 121 u. © Niklas Kolorz; S. 122, 124 u. © Philipp Betz; S. 122, 124-125 Hintergrund, 166, 168 © Katja Nich/Webvideopreis; S. 136, 140 u., 149 u. © Tyler Oakley; S. 140 o. © Evan Edinger Travel; S. 136, 142, 149 o. © MrWissen2go; S.

136, 144-145 © Madame Tussauds; S. 150, 152, 164 o. © Simon Unge; S. 150, 158 © @glowcon; S. 150, S. 160 Logo © Frankfurter Allgemeine Zeitung GmbH 2017, alle Rechte vorbehalten; 160 l. © ItsColeslaw; S. 160 r. u. © Jodie Calussi; S. 166, 169 © Mielek/Webvideopreis; S. 166-167, 176 © freekickerz; S. 166, 177, 183 u. © flyinguwe; S. 178, 183 o. © SKK; S. 180 © Monalisa Perez; S. 166, 181 © Bojan Novic/Datteltäter/funk von ARD und ZDF; S. 184, 185 o. © Tomatolix; S. 184, 185 u. © 2016 by eosAndy. All rights reserved.; S. 184, 186 o. © Oskar; S. 184, 186 u. © Rebekah Wing; S. 184, 187© Naomi Jon;
alle Fotos des Webvideopreises © www.creativecommons.org/licenses/by/2.0/www.flickr.com/photos/webvideotage; alle Emojis und Scribbles © Freepik; Screenshots S. 30, 114, 180 © 2017 Twitter; alle weiteren Screenshots: © YouTube LLC

Dieses Buch wurde weder autorisiert, noch ist es in Zusammenarbeit mit YouTube LLC entstanden.

Sollten trotz intensiver Nachforschungen des Verlags Rechteinhaber nicht ermittelt worden sein, so bitten wir diese, sich mit dem Verlag in Verbindung zu setzen.

#IMPRESSUM

ISBN 978-3-7855-8842-0
1. Auflage 2017
© Loewe Verlag GmbH, Bindlach 2017
Umschlagfotos: Reihe 2, 2. Foto © Riese / Webvideopreis;
Reihe 2, 3. Foto © Julian Schäpertöns;
Reihe 4, 2. Foto © @glowcon;
Reihe 4, 3. Foto © Holger Hahn & Anja
Jeschonneck / Nordend Film / funk von ARD und ZDF;
alle weiteren Fotos © Broadmark
Satz und Layout: Büro Ziegler
Umschlaggestaltung: Ramona Karl
Printed in Poland

www.loewe-verlag.de